AF365293

Medjugorje

einfach & umfaßend

ein Pilgerführer

Orsolya Eden

© Orsolya Eden 2019, alle Rechte vorbehalten

Impressum:

*Orsolya Eden**
c/o AutorenServices.de
Birkenallee 24
36037 Fulda
Deutschland

* Bitte senden Sie KEINE PAKETE an diese Adresse. Sollten Sie den Versand eines Pakets an mich wünschen, fragen Sie bitte zuerst per E - Mail nach einer gesonderten Adresse. Danke für Ihr Verständnis.

E - Mail: Orsolyaeden1@use.startmail.com

Umschlaggestaltung, Illustration u. Fotos: Orsolya Eden
Übersetzungen aus dem Englischen: Orsolya Eden
Anmerkung: Orsolya Eden ist ein Künstlername

ISBN Taschenbuch: 978-3-9821154-1-2
Überarbeitete Ausgabe

Das Werk, einschließlich seiner Teile, ist urheberrechtlich geschützt. Jede Verwertung, ohne die Zustimmung des Verlags und der Autorin, ist unzulässig. Dies gilt insbesondere für die elektronische oder sonstige Vervielfältigung, Übersetzung, Verbreitung und öffentliche Zugänglichmachung.

Ehre sei dem Vater und dem Sohn und dem Heiligen Geist und Dank sei der Gottesmutter Maria

Inhalt   Seiten

VORWORT   9

WAS IST MEDJUGORJE?   10 - 12

DIE KERNBOTSCHAFT   12 - 13
(aus diversen Mitteilungen abgeleitet)

- **Aufruf zur Beichte**
- **Aufruf zum Gebet**
- **Aufruf zum Fasten**
- **Besuch der hl. Messe**
- **Lektüre der Bibel**

HERVORSTEHENDE BOTSCHAFTEN   13 - 25

DIE ZEHN GEHEIMNISSE   25 - 28

PILGERSTATIONEN IN   29 - 53
MEDJUGORJE

1.   Der Erscheinungsberg (Podbrdo)   29 - 34
      und **Blaues Kreuz (Blue Cross)**

2.   Die St. Jakobskirche   35 - 37

3.   Der Križevac - Kreuzberg   38 - 40

4.   Die Via Domini   41 - 42

5.   Die Statue des auferstandenen   42 - 44
      Jesu

6.   Das Haus des ungeborenen   44 - 45
      Lebens

7.   Der Friedhof von Kovačica   45 - 46

8.   Die Anbetungskapelle   46

9.   Der Kerzenpark   46 - 47

10.   (Soziale) Einrichtungen   47 - 49

11.   Der Garten des hl. Franziskus   50 - 51

12.   Gemeinschaften   52 - 53

DIE SEHER   54 - 58

1.   Ivanka Ivanković - Elez   54

2.   Vicka Ivanović - Mijatović   54

3.   Mirjana Dragicević - Soldo   55

4.   Ivan Dragicević   55 - 56

5.   Ivan Ivanković   56

6.   Milka Pavlović   56

7.   Marija Pavlović - Lunetti   56

8.   Jakov Čolo   57

9.	Jelena Vasilj - Valente	57

10.	Marijana Vasilj - Juricić	58

STELLUNGNAHME DER KIRCHE	58 - 59

WIE KOMME ICH NACH MEDJUGORJE?	59 - 60

MÖGLICHER KONTAKT ZU DEN SEHERN	60 - 63

DEUTSCHSPRACHIGE ANBIETER VON PILGERREISEN NACH MEDJUGORJE	63 - 64

REISEVERANSTALTER FÜR JUNGE MENSCHEN UND FAMILIEN	64

RELEVANTE YOU TUBE VIDEOS	65 - 67

THEMENBEZOGENE DVDs	67

BÜCHER ZU MEDJUGORJE	67 - 70

MUSIK ZU MEDJUGORJE	70

GEBETE	70 - 80

1.	**Das Ave Maria**	70

2.	Das Vater unser	70 - 71
3.	Ehre sei dem Vater	71
	(Der Lobpreis des Dreieinigen Gottes)	
4.	Das apostolische Glaubensbekenntnis	71
5.	Der Rosenkranz	72 - 76
6.	Oh mein Jesus	77
7.	Fatima - Gebet übermittelt	77
	vom Engel des Friedens	
8.	Das Medjugorje Chaplet	77 - 78
9.	Der Rosenkranz zur	78 - 79
	Barmherzigkeit Gottes	
10.	Weihegebet an die	79 - 80
	Heiligste Dreifaltigkeit durch Maria	

GEBETSPROGRAMM — 81 - 82

AUSFLUGSZIELE — 82 - 97

1.	Šurmanci - Barmherziger Jesus	82 - 84
2.	Die Gottesmutter von Tihaljina	85 - 86
3.	Koćuša Wasserfälle	86 - 87
4.	Humac - Museum und	87 - 89
	St. Anton - Kloster	
5.	Mostar	89 - 90
6.	Blagaj Tekke,	90 - 91
	(ein Dervisch Kloster)	
7.	Die Kravice Wasserfälle	92

8.	Pocitelj	92 - 93
9.	Das Naturreservat Hutovo Blato	93 - 95
10.	Prähistorische Grabstele und das Dorf Paoča	96
11.	Die Vjetrenica - Grotte	96
12.	Titos Bunker in Konij	97
13.	River-Rafting auf dem Neretva Fluß	97

WISSENSWERTES — 98 - 119

1.	Das Pfarrbüro von St. Jakob	98
2.	Informationszentrum „MIR"	98
3.	Die Infotheke	98
4.	Übersetzung der hl. Messe per Radio	98 - 99
5.	Radio „MIR" Medjugorje	99
6.	Buchläden „MIR"	99
7.	Buchhandlung „Les Editions Sakramento"	99 - 100
8.	Deutsch - christliche Buchhandlung „Tiberias"	100 - 101
9.	Internationaler Buch-, Souvenirladen „Devotions"	101
10.	Medizinische Versorgung	101 - 102

11.	Apotheken (Ljekarna)	102 - 103
12.	Bushaltestelle	104
13.	Taxis	104 - 105
14.	Organisierte Ausflüge	106
15.	Shopping	106 - 107
16.	Post	107 - 108
17.	Parkplatz	108 - 109
18.	Sonnenwunder: Vorsicht!!!	109
19.	Restaurants	109 - 110
20.	Fasten	110
21.	Beichten in eigener Sprache	110 - 111
22.	Spenden	111
23.	Anmeldung für Pilgergruppen	111
24.	Hotels	111 - 116
25.	Menschliches	116
26.	Lageplan	117 - 118
27.	Ortsplan	119

VORWORT

An alle, die sich einmal auf Gott einlassen wollen

Da war es, dieses Unwohlsein, dieses Gefühl, das einem die Gesichtsfarbe verändert, dieses Gefühl, zu kurz zu kommen. Kurz und gut ich war verärgert. Aber konnte ich mir dieses Gefühl in dem Infoladen an einem so heiligen Ort wie Medjugorje überhaupt leisten? Wahrscheinlich nicht, daher schluckte ich meinen Frust herunter, als man mir freundlichst einen Stadtplan aushändigte, mit dem ich nicht viel anfangen konnte. Dies geschah am Anfang meines Aufenthalts in Medjugorje. Leider sollte dieses Gefühl während meiner 5 tätigen Pilgerreise noch öfter vorbeikommen.

Ich hatte viele Hindernisse überwunden, um an diesen Ort zu gelangen, wo die Gottesmutter Maria seit 1981 erscheint. Ich wollte mich einfach ohne Gruppenführer zurechtfinden. Natürlich hatte ich mich vorher bestmöglich informiert. Aber außer der offiziellen Webseite, einem Second - Hand Reiseführer einer irischen Pilgergruppe und ein paar You Tube Videos, konnte ich nicht viel finden. Vor Ort war es dann äußerst schwierig, die `Hauptsehenswürdigkeiten´ zwischen all den Souvenirläden zu finden.

Damit Ihnen liebe Leserin, lieber Leser, diese Sucherei erspart bleibt, schreibe ich diesen kleinen Pilgerführer. Anmerken möchte ich noch, daß es lediglich mein Ziel ist, jeden Interessierten umfassend zu informieren. Es liegt mir fern, Kritik zu üben.

WAS IST MEDJUGORJE?

Medjugorje war zu Beginn des 20. Jh. ein ländliches Dorf mit ungefähr 2500 Einwohnern.[1] Heute ist Medjugorje ein Marienwallfahrtsort, der jährlich von ca. 2,5 Millionen Pilgern aus aller Welt aufgesucht wird.[2] Die Bevölkerung ist mittlerweile auf ca. 4000 Einwohner herangewachsen.[3] Es begann alles am 24. Juni 1981. An diesem Tag erschien die Muttergottes 6 Kindern in dem kleinen Dorf „Bijakovići" bei Medjugorje. Die Erscheinung fand auf einem Hügel statt. Dieser Hügel wird Podbrdo (Erscheinungshügel) genannt. Die Kinder gaben an, daß die Gottesmutter Maria ihnen gegen 18.00 Uhr erschienen sei. Damals gehörte Medjugorje noch zum kommunistischen Jugoslawien.

Die Namen der Seherkinder vom 24. Juni 1981 sind: Ivanka Ivanković, Vicka Ivanković, Mirjana Dragicević, Ivan Dragićević, Ivan Ivanković und Milka Pavlović. Bei der darauffolgenden Erscheinung am 25.6.1981, sind Ivan Ivanković und Milka Pavlović nicht zugegen. Dafür wird die Jungfrau Maria, auch Gospa genannt, von zwei anderen Kindern miterlebt. Ihre Namen sind Marija Pavlović und Jakov Čolo. Jakov Čolo war damals erst zehn Jahre alt.[4] Seitdem erscheint die Mutter Gottes einigen der damaligen Seherkindern bis heute.
Bemerkenswert ist, daß die Gegend von Medjugorje seit

---

[1] Franjo Sušac (Text und Foto), Conect Mostar (und Design), *Medjugorje MONOGRAFIA PER I PELLEGRINI,* Grafotisak, Grude 2014, Seite 6.
[2] ERZDIÖZESE WIEN, Franziskus skeptisch zu neuen Medjugorje-Erscheinungen, in Katholische Kirche Erzdiözese Wien 15. Mai.2017, unter: https://www.erzdioezese-wien.at/site/nachrichtenmagazin/schwerpunkt/papstfranziskus/article/57124.htm l (abgerufen am 23.April.2019).
[3] Franjo Sušac (Text und Foto), Conect Mostar (und Design), *Medjugorje MONOGRAFIA PER I PELLEGRINI,* Grafotisak, Grude 2014, Seite 6.
[4] Ljubica Benović, *Medjugorje A Little Encyclopaedia,* Euterpa Drinovci and Pogledača, Zagreb, Drinovci 2010, Seite 26.

1300 Jahren von Christen bevölkert ist. Die Gemeinde Medjugorje selbst, wurde 1892 gegründet. Sie wurde dem dem heiligen Jakob, dem Beschützer der Pilger, gewidmet. Heute wird die Pilgerstätte von den Franziskanermönchen betreut.[5]

Während des Bosnienkrieges war Medjugorje dem kroatischen Verteidigungsrat unterstellt. 1995 wurde es auf Grund der Dayton - Vereinbarung Teil der Föderation Bosnien Herzegowina. Medjugorje selbst, liegt im Herzegowina - Neretva Kanton, eines von 10 autonomen Regionen, die verhindern sollen, daß eine ethnische Gruppe die neue Föderation dominiert.

Typisch für Marienerscheinungen ist, daß die Seher von ihrem Umfeld angefeindet oder nicht ernstgenommen werden. So auch in Medjugorje. Die Kinder wurden sofort von der jugoslawischen Polizei interrogiert und psychiatrischen Untersuchungen unterzogen. Es ließen sich jedoch keine gesundheitlichen Auffälligkeiten finden.[6] Der damals zuständige Gemeineindepfarrer, Pater Jozo Zovko, glaubte zunächst nicht an die Echtheit der Marienerscheinungen. Als ihm dann selbst die Muttergottes beim Rosenkranzgebet in der Kirche erschien, wurde er zum unbeugsamen Verfechter der Erscheinungen.[7] So kam es, daß seine Predikt über die 40 jährige Wanderung der Israeliten durch die Wüste, als Anlehnung an den 40. Jahrestag der Revolution verstanden wurde und zu seiner Verhaftung führte.[8] Er wurde zunächst zu dreieinhalb

---

[5] Udruga Međugorje - MIR, Split, HR „ *Ein kurzer historischer Überblick* " in medjugorje.hr 2019, unter: " http://www.medjugorje.hr/de/pfarrei/geschichte/ (abgerufen am: 11. April 2019).
[6] Angela Mahmoodzada u. Beatrix Zureich, *Medjugorje Kurzbericht*, 1. Aufl., Miriam Verlag, 79798 Jestetten, 2010, S. 27.
[7] Angela Mahmoodzada u. Beatrix Zureich, *Medjugorje Kurzbericht*, 1. Aufl., Miriam Verlag, 79798 Jestetten, 2010, S. 18.
[8] Sabrina Čovič – Radojičić, *Begegnungen mit Pater Jozo*, Les Editions Sakramento, 75014 Paris, Frankreich, 2014, Location 949.

Jahren Haft verurteilt. Sein Anwalt erreichte schließlich die Reduzierung seiner Haftstrafe auf einenhalb Jahre.[9]

Die Seher sahen neben der Muttergottes auch Jesus. Einige von ihnen durften einen Einblick in die Hölle, das Fegefeuer und das Paradies nehmen. Vor der Erscheinung der Gospa sehen die Seher gewöhnlich einen dreimaligen Lichtblitz.[10] Obwohl sich die „Medjugorje - Erscheinungen" mit denen von Fatima (Portugal), Akita (Japan) und Kibeho (Rwanda) vergleichen lassen, so dauerte doch keine dieser Erscheinungen so lange an, wie die von Medjugorje. Laut einer Botschaft an die Seherin Marija, setzt die Gottesmutter die Erscheinungen von Medjugorje sogar in direkten Bezug zu Fatima. "...Ich rufe Euch zur Entsagung für neun Tage auf, so daß sich mit Eurer Hilfe alles, was ich verwirklicht haben möchte, begonnen mit den Geheimnissen in Fatima, erfüllen möge." (Botschaft vom 25. August 1991).[11]

DIE KERNBOTSCHAFT (aus diversen Mitteilungen abgeleitet)

Man könnte meinen, daß wenn man die heiligen Stätten besucht hat und wieder auf seinem Weg nach Hause ist, seine Pilgerpflicht erfüllt hat. Aber meines Erachtens findet Medjugorje erst wirklich zu Hause statt, nämlich in der Umsetzung der Botschaft.

---

[9] Sabrina Čović – Radojičić, *Begegnungen mit Pater Jozo*, Les Editions Sakramento, 75014 Paris, Frankreich, 2014, *Location* 1129.
[10] Angela Mahmoodzada u. Beatrix Zureich, *Medjugorje Kurzbericht*, 1. Aufl., Miriam Verlag, 79798 Jestetten, 2010, Seite 19.
[11] Medjugorje - Apologia.com, *The Messages of Medjugorje: The Complete Text, 1981-2014*, 2014, Seite 120 (Übersetzung aus dem Englischen: die Autorin).

Anhand der Mitteilungen läßt sich die folgende 5 teilige Botschaft (genannt Steine) herauskristallisieren:

- **Aufruf zur Beichte**

- **Aufruf zum Gebet**

    - besonders des täglichen Rosenkranzes (siehe Gebetsanhang)

- **Aufruf zum Fasten**

    - jeden Mittwoch und Freitag

    - mit Wasser und Brot

- **Besuch der hl. Messe**

- **Lektüre der Bibel**

HERVORSTEHENDE BOTSCHAFTEN [12] [13]

Botschaft vom 28. Oktober 1981: [14]

„`Warst Du gestern auf dem Krizevac für eine halbe Stunde?´ ` Ja, habt Ihr mich nicht gesehen?´(DV. 1,17; CP. 251). Mehre hunderte Menschen sahen an der Stelle der ersten Erscheinung ein Feuer, das brannte, ohne etwas zu verbrennen. Am Abend sagt die Jungfrau zu den Sehern:

---

[12] Die Kursivschrift im Original wurde in allen Botschaften entfernt.

[13] Rechtschreib-, Zeichensetzungs- und Klein-/Großschreibfehler wurden korrigiert. Um den Lesefluß, jedoch, nicht zu beeinträchtigen, wurden auf diese Korrekturen nicht durch (sic!) hingewiesen.

[14] Medjugorje - Apologia.com, *The Messages of Medjugorje: The Complete Text, 1981 - 2014*, 2014, Seite 39. (Übersetzung aus dem Englischen: die Autorin).

`Das Feuer, das von den Gläubigen gesehen wurde, hatte einen übernatürlichen Charakter. Es ist eines der Zeichen, ein Vorläufer des großen Zeichens.´(CP. 25)."

Botschaft vom 21. Juli 1982: [15]

„Im Fegefeuer gibt es viele Seelen. Dort gibt es auch Menschen, die Gott geweiht wurden, einige Priester, einige Gläubige. Betet für sie mindestens 7 Vater Unser, das Ave Maria und das Ehre sei und das Glaubensbekenntnis. Ich empfehle es Euch! Es gibt eine große Anzahl von Seelen, die seit langer Zeit im Fegefeuer sind, weil niemand für sie betet."
Eine Antwort, die das Fasten betrifft: Am besten wird bei Wasser und Brot gefastet. Durch Fasten und Beten können Kriege beendet und die Naturgesetzte aufgehoben werden. Wohltätigkeit kann das Fasten nicht ersetzen. Jene, die nicht fasten können, können es manchmal durch Gebet, Wohltätigkeit und eine Beichte ersetzten; aber jeder, bis auf die Kranken, muß fasten. (CP 69)".

Botschaft vom 24. Juli 1982: [16]

„Antworten auf ein paar gestellte Fragen: Wir gelangen in den Himmel mit vollem Bewußtsein, mit demselben Bewußtsein, das wir jetzt haben. Im Augenblick des Todes sind wir uns der Trennung von Körper und Seele bewußt. Es ist falsch den Menschen zu sagen, daß wir mehrmals wiedergeboren werden und wir durch verschiedene Körper gehen. Man wird nur einmal geboren. Der Körper, der aus

---

[15] Medjugorje - Apologia.com, *The Messages of Medjugorje: The Complete Text, 1981 - 2014*, 2014, Seite 49 (Übersetzung aus dem Englischen: die Autorin).
[16] Medjugorje - Apologia.com, *The Messages of Medjugorje: The Complete Text, 1981 - 2014*, 2014, Seite 49 (Übersetzung aus dem Englischen: die Autorin).

Erde geformt wurde, zerfällt nach dem Tod. Er wird nie wieder lebendig. Der Mensch erhält einen gewandelten Körper. Wer während seines Lebens viel gesündigt hat, kann jedoch direkt in den Himmel gelangen, wenn er beichtet, seine Taten bereut und am Ende seines Lebens die Hl. Kommunion erhalten hat. (CP 70)".

Botschaft vom 25. Juli 1982: [17]

„Eine Antwort auf Fragen, die die Hölle betreffen. Heutzutage kommen viele Menschen in die Hölle. Gott erlaubt seinen Kindern in der Hölle zu leiden, weil sie schwerwiegende, unentschuldbare Sünden begangen haben. Jene, die in der Hölle sind, haben nicht mehr die Möglichkeit ein besseres Schicksal für sich zu erwirken. (CP 71)
Eine Antwort auf Fragen, die die Heilung von Krankheiten betreffen. Um Kranke zu heilen, ist es wichtig, die folgenden Gebete zu sprechen: das Glaubensbekenntnis, 7 Vater unser, Ave Marias und das Ehre sei, sowie mit Brot und Wasser zu fasten. Es ist gut dem Kranken die Hände aufzulegen und zu beten. Es ist gut die Kranken mit heiligem Öl zu salben. Nicht alle Priester vermögen es zu heilen. Um diese Gabe wiederzubeleben, muß der Priester mit Ausdauer beten und einen festen Glauben haben. (CP 71)."

---

[17] Medjugorje - Apologia.com, *The Messages of Medjugorje: The Complete Text, 1981-2014*, 2014, Seite 49 (Übersetzung aus dem Englischen: die Autorin).

Botschaft vom 6. August 1982: [18]

„Eine Antwort auf Fragen i Bezug auf die Beichte: Man muß die Leute dazu aufrufen einmal im Monat zu beichten, besonders am ersten Samstag des Monats. Hier habe ich darüber noch nicht gesprochen. Ich habe nur die Menschen dazu aufgerufen häufig zur Beichte zu gehen. Ich werde Euch jedoch ein paar konkrete Botschaften für Eure Zeit geben. Habt Geduld, weil die Zeit noch nicht gekommen ist. Tut was ich Euch gesagt habe. Es gibt zahlreiche Menschen, die dem Aufruf nicht Folge leisten. Die monatliche Beichte, wird ein Heilmittel für die Kirche im Westen sein. Man muß dem Westen diese Botschaft übermitteln (CP 72).“

Botschaft vom 8. Januar 1984: [19]

„Meine Kinder, betet! Ich sage es nochmal, betet! Ich sage es nochmal. Glaubt nicht, daß Jesus nochmal in der Krippe erscheinen wird; Freunde, Er ist in Euren Herzen wiedergeboren. (DN 1,30).“

Botschaft Anfang 1984: [20]

„…Wenn Ihr bei einer Erscheinung in einem Raum zugegen seid oder in einer Kirche, kümmert Euch nicht darum Fotos

---

[18] Medjugorje - Apologia.com, *The Messages of Medjugorje: The Complete Text, 1981 - 2014*, 2014, Seite 49 (Übersetzung aus dem Englischen: die Autorin).

[19] Medjugorje - Apologia.com, *The Messages of Medjugorje: The Complete Text, 1981 - 2014*, 2014, Seite 65 (Übersetzung aus dem Englischen: die Autorin).

[20] Medjugorje - Apologia.com, *The Messages of Medjugorje: The Complete Text, 1981 - 2014*, 2014, SS. 64,65 (Übersetzung aus dem Englischen: die Autorin).

zu machen! Sondern nutzt eher die Zeit, um zu Jesus zu
beten, da während einer Erscheinung besondere Gnaden
beten, da während einer Erscheinung besondere Gnaden
vergeben werden. (T.58)." (sinngemäß übersetzt)

Botschaft vom 19. April 1984: [21]

„Botschaft an die Gemeinde: Liebe Kinder, teilt mein
Mitgefühl, betet, betet, betet! Zu Jelena: Ich werde Dir ein
spirituelles Geheimnis verraten: Wenn Du stärker als das
Böse sein willst, mach Dir einen persönlichen Gebetsplan.
Lege dafür eine bestimmte Zeit am Morgen fest, lies einen
Text aus der Hl. Schrift, verankere das göttliche Wort in
Deinem Herzen, und versuche es während des Tages zu
leben, besonders in Momenten der Versuchung. Auf diese
Weise wirst Du stärker als das Böse sein. (BL. 186). Am
selben Tag wurde Jelena von der Hl. Jungfrau noch das
folgende Gebet ´diktiert´: WIE MAN SICH MARIA, DER
MUTTER DER GÜTE, DER LIEBE UND DES
ERBARMENS, HINGIBT. Oh meine Mutter! Mutter der
Güte, Liebe und des Erbarmens! Ich liebe Dich unendlich,
und ich biete mich Dir an. Durch Deine Güte, Liebe und
Dein Erbarmen, rette mich! Ich möchte Dein sein. Ich liebe
Dich unendlich, und ich wünsche, daß Du mich beschützt.
In meinem Herzen, oh Mutter der Güte, gib mir Deine Güte,
so daß ich in den Himmel komme. Ich bitte Dich, um
Deiner unermeßlichen Liebe willen, daß Du mir die Gnade
geben mögest, daß ich jeden Einzelnen so liebe, wie Du
Jesus Christus geliebt hast. Ich bitte Dich in Demut, daß ich
Dir gnädig ı sein möge. Ich biete mich Dir ganz an, und ich
erbitte, daß Du mich bei jedem Schritt begleitest. Weil Du
voller Gnade bist. Ich möchte nie, Deine Gnade vergessen.

---

[21] Medjugorje - Apologia.com, *The Messages of Medjugorje: The Complete
Text, 1981 - 2014*, 2014, SS. 70, 71 (Übersetzung aus dem Englischen: die
Autorin).

Und sollte ich sie verlieren, werde ich bitten, daß ich sie wiederfinde. Amen. …

ı Laut Pater Slavko, bedeutet es: ‛Daß Ich weiß Deinen will zu lieben (sic!) auch wenn er von meinem abweicht.ʼ".

Botschaft vom 14. August 1984: [22]

„Ich möchte, daß die Menschen mit mir in diesen Tagen beten. Und so viel wie möglich beten! Fastet streng an jedem Mittwoch und jedem Freitag. Betet jeden Tag wenigstens einen Rosenkranz, den Freudenreichen, den Schmerzhaften und den Glorreichen. (C.150)."

Botschaft vom Oktober 1984: [23]

„Wenn Ihr zur hl. Messe geht, solltet Ihr Euch auf dem Weg von zu Hause zur Kirche auf die hl. Messe vorbereiten. Ihr sollte auch die Hl. Kommunion mit einem reinen und offenen Herzen empfangen; Reinheit des Herzens und Offenheit. Verlaßt die Kirche nicht ohne eine angemessene Danksagung. Ich kann Euch nur helfen, wenn Ihr empfänglich seid für meine Vorschläge. Ich kann Euch nicht helfen, wenn Ihr nicht offen seid. (T-59). Das Wichtigste im spirituellen Leben ist für das Geschenk des Hl. Geistes zu bitten. Wenn der Hl. Geist kommt, wird Frieden einkehren. Wenn das stattfindet, wird alles um Euch herum sich ändern. Die Dinge werden sich ändern. (T 59)."

---

[22] Medjugorje - Apologia.com, *The Messages of Medjugorje: The Complete Text, 1981 - 2014*, 2014, Seite 76 (Übersetzung aus dem Englischen: die Autorin).
[23] Medjugorje - Apologia.com, *The Messages of Medjugorje: The Complete Text, 1981 - 2014*, 2014, Seite 78 (Übersetzung aus dem Englischen: die Autorin).

Botschaft von 1984 - 1985: [24]

„Antwort auf die Verunsicherung eines katholischen
Priesters, nach der Heilung eines orthodoxen Kindes: Sag
diesem Priester, sag es jedem, daß Ihr es seid, die Ihr geteilt
auf Erden seid. Die Muslime und die Orthodoxen, aus
demselben Grund wie die Katholiken, sind gleich vor
meinem Sohn und mir. Ihr seid alle meine Kinder.
Sicherlich sind alle Religionen nicht gleichgestellt, aber alle
Menschen sind gleich vor Gott, wie der hl. Paulus sagt. Es
genügt nicht der katholischen Kirche zugehörig zu sein, um
gerettet zu werden, sondern es bedarf der Beachtung der
Gebote Gottes, durch Befolgen des eigenen Gewissens.
Jene, die nicht Katholiken sind, sind nicht weniger Wesen,
die nach dem Abbild Gottes geschaffen wurden und dazu
bestimmt, eines Tages, mit dem Hause des Vaters vereint zu
sein. Die Errettung steht jedem, ohne Ausnahme, offen.
Nur diejenigen, die Gott absichtlich ablehnen, sind
verdammt. Von demjenigen, dem wenig gegeben worden
ist, wird wenig verlangt werden. Wem hingegen viel
gegeben wurde (den Katholiken), von dem wird sehr viel
verlangt werden. Es ist Gott alleine, der in Seiner
unendlichen Gerechtigkeit, den Grad der Verantwortung
bestimmt und das Urteil verkündet. (C128).“

---

[24] Medjugorje - Apologia.com, *The Messages of Medjugorje: The Complete
Text, 1981 - 2014*, 2014, Seite 104 (Übersetzung aus dem Englischen: die
Autorin).

Botschaft vom 22. August 1985: [25]

„Liebe Kinder! Heute möchte ich Euch sagen, daß Gott Euch testen möchte. Den Test könnt Ihr aber durch Gebet bestehen. Gott prüft Euch in Euren täglichen Angelegenheiten. Betet jetzt, daß Ihr jeden Test friedlich besteht. Seid nach jeder Prüfung durch Gott, immer empfänglicher für Ihn und geht auf Ihn mit größerer Liebe zu."

Botschaft vom 25. Oktober 1988: [26]

"Liebe Kinder! Meine Einladung, die Botschaften, die ich Euch gebe, zu leben, ergeht täglich, vor allem, weil ich Euch näher zum Herzen Jesu führen möchte. Deshalb, liebe Kinder, lade ich Euch heute zum Weihegebet an Jesus, meinen lieben Sohn, ein, so daß jeder von Euch Seiner sei. Und dann lade ich Euch zur Weihe an mein Unbeflecktes Herz ein. Ich möchte, daß Ihr Euch als Eltern, als Familien und als Gemeindemitglieder weiht, damit alle durch mein Herz Gott gehören. Deshalb, liebe Kinder, betet, daß Ihr die Bedeutung dieser Botschaft, die ich Euch gebe, versteht. Ich möchte nichts für mich selbst, sondern alles für die Errettung Eurer Seele. Satan ist stark, und deshalb, liebe Kinder, drückt durch ständiges Gebet fest gegen mein mütterliches Herz. Danke, daß Ihr meinem Ruf gefolgt seid!" (Weihegebet, siehe Gebetsangang)

---

[25] Medjugorje - Apologia.com, *The Messages of Medjugorje: The Complete Text, 1981 - 2014*, 2014, SS. 87, 88 (Übersetzung aus dem Englischen: die Autorin).
[26] Medjugorje - Apologia.com, *The Messages of Medjugorje: The Complete Text, 1981 - 2014*, 2014, Seite 117. (Übersetzung aus dem Englischen: die Autorin).

Botschaft vom 25. Juli 1991: [27]

„Liebe Kinder! Heute lade ich Euch ein für den Frieden zu
beten. In all diesen Zeiten ist der Friede besonders bedroht,
und ich ersuche Euch, das Fasten und Beten in Euren
Familien zu erneuern. I wünsche mir, daß Ihr die
Ernsthaftigkeit der Situation erkennt, und daß Ihr erkennt,
daß viel von dem, was passieren wird, von Euren Gebeten
abhängen wird und Ihr betet nur ein bißchen… "

Botschaft vom 25. November 1998: [28]

„Die heilige Beichte soll für Euch der erste Schritt zur
Umkehr sein."

Botschaft vom 25. Februar 2003: [29]

„Liebe Kinder! Auch heute rufe ich Euch auf, für den
Frieden zu beten und zu fasten. Wie ich bereits gesagt habe
und Euch, meine lieben Kinder, jetzt wiederhole, können
nur mit Gebet und Fasten auch Kriege aufgehalten werden.
Der Friede ist eine kostbare Gabe Gottes. Sucht, bittet, und
Ihr werdet ihn erhalten. Sprecht vom Frieden und tragt den
Frieden in Eurem Herzen. Pflegt ihn wie eine Blume, die
Wasser, Feingefühl und Licht braucht. Seid diejenigen, die
den anderen den Frieden bringen. Ich bin mit Euch und
halte für Euch alle Fürsprache. Danke, daß Ihr meinem Ruf
gefolgt seid."

---

[27] Medjugorje - Apologia.com, *The Messages of Medjugorje: The Complete
Text, 1981 - 2014*, 2014, Seite 120 (Übersetzung aus dem Englischen: die
Autorin).

[28] Angela Mahmoodzada u. Beatrix Zureich, *Medjugorje Kurzbericht*, 1. Aufl.,
Miriam Verlag, 79798 Jestetten, 2010, Seite 38.

[29] Medjugorje - Apologia.com, *The Messages of Medjugorje: The Complete
Text, 1981 - 2014*, 2014, Seite 132. (Übersetzung aus dem Englischen: die
Autorin).

Botschaft vom 25. Oktober 2008: [30]

„Liebe Kinder! In besonderer Weise rufe ich Euch dazu auf,
für meine Anliegen zu beten, so daß Ihr durch Eure Gebete
vermögt Satans Plan für diese Welt zu stoppen, dieser Plan
entfernt Euch jeden Tag weiter von Gott und er setzt sich an
die Stelle von Gott und zerstört alles was schön und gut in
jeder einzelnen Seele von Euch ist. Daher, meine kleinen
Kinder, bewaffnet Euch mit Gebet und Fasten, damit Ihr
Euch der Liebe Gottes bewußt werden könnt und Gottes
Willen in die Tat umsetzten könnt. Danke, daß Ihr meinem
Ruft gefolgt seid."

Botschaft vom 2. April 2015: [31]

„Liebe Kinder! Meine Apostel, ich habe Euch auserwählt,
weil Ihr alle in Euch etwas Schönes tragt. Ihr könnt mir
helfen, daß die Liebe, wegen der mein Sohn gestorben und
danach auferstanden ist, von neuem siegt. Meine Apostel,
deshalb rufe ich Euch auf, daß Ihr in jedem Geschöpf
Gottes, in allen meinen Kindern, versucht, etwas Gutes zu
sehen und sie zu verstehen versucht. Meine Kinder, Ihr alle
seid Brüder und Schwestern durch denselben Heiligen
Geist. Ihr, die Ihr erfüllt seid mit Liebe für meinen Sohn,
könnt all jenen, die diese Liebe nicht kennengelernt haben,
erzählen, was Ihr wißt. Ihr habt die Liebe meines Sohnes
kennengelernt, Ihr habt Seine Auferstehung verstanden, mit
Freude richtet Ihr die Augen zu Ihm auf. Mein mütterlicher
Wunsch ist es, daß alle meine Kinder vereint sind in der
Liebe zu Jesus. Meine Apostel, deshalb rufe ich Euch auf,
daß Ihr mit Freude die Eucharistie lebt, denn in der

---

[30] Medjugorje - Apologia.com, *The Messages of Medjugorje: The Complete
Text, 1981 - 2014*, 2014, Seite 136 (Übersetzung aus dem Englischen: Die
Autorin).
[31] Mario Vasilj, *Medjugorje Aposteln der Gospa Mirjana bezeugt*, Ogranak
Matice hrvatske u Čitluk 2015, Bucheinband.

Eucharistie gibt sich mein Sohn Euch immer von neuem
und mit Seinem Vorbild zeigt Er die Liebe und das Opfer
für den Nächsten. Ich danke Euch!"

Botschaft vom 2. Januar 2019: [32]

„Liebe Kinder! Leider gibt es unter Euch, meinen Kindern,
so viele Kämpfe, Haß, persönliche Interessen, Selbstsucht.
Meine Kinder, Ihr vergeßt so leicht meinen Sohn, seine
Worte, Seine Liebe. In vielen Seelen verlöscht der Glaube,
und die Herzen werden von materiellen Dingen der Welt
ergriffen. Aber mein mütterliches Herz weiß, daß es immer
noch diejenigen gibt, die glauben und lieben, die suchen,
wie sie meinem Sohn immer näherkommen können, die
unermüdlich meinen Sohn suchen - so suchen sie dann auch
mich. Das sind die Demütigen und Sanftmütigen mit ihren
Schmerzen und Leiden, die sie in Stille mit ihren
Hoffnungen und vor allem mit ihrem Glauben tragen. Das
sind die Apostel meiner Liebe.
Meine Kinder, die Apostel meiner Liebe, ich lehre Euch,
daß mein Sohn nicht um ständige Gebete ersucht, sondern
auch um Werke und Gefühle, daß Ihr glaubt, daß Ihr betet,
daß Ihr mit persönlichen Gebeten im Gauben wachst, daß
Ihr in der Liebe wachst. Einander zu lieben, das ist es, was
Er sucht, das ist der Weg ins ewige Leben. Meine Kinder,
vergeßt nicht, daß mein Sohn das Licht in diese Welt
gebracht hat, und Er brachte es zu denen, die es sehen und
empfangen wollten. Seid Ihr diejenigen, denn dies ist das
Licht der Wahrheit, des Friedens und der Liebe.

Ich führe Euch mütterlich, daß Ihr meinen Sohn anbetet,
daß Ihr mit mir meinen Sohn liebt, daß Eure Gedanken,

---

[32] Gebetsaktion Medjugorje Wien: *„Botschaften an Mirjana"* in
www.gebetsaktion.at, unter:
http://www.gebetsaktion.at/medjugorje-botschaften/botschaften-an-mirjana/
(abgerufen am 14. April 2019).

Worte und Werke zu meinem Sohn ausgerichtet seien, daß
sie in Seinem Namen seien. Dann wird mein Herz erfüllt
sein. Ich danke Euch."

Botschaft vom 2. September 2019: [33]

„Liebe Kinder! Betet! Betet jeden Tag den Rosenkranz -
diesen Blumenkranz, der mich als Mutter direkt mit Euren
Schmerzen, Leiden, Wünschen und Hoffnungen verbindet.
Apostel meiner Liebe, ich bin bei Euch durch die Gnade
und die Liebe meines Sohnes und ich ersuche Gebete von
Euch. Die Welt bedarf so sehr Eurer Gebete, damit die
Seelen sich bekehren. Öffnet meinem Sohn mit
vollkommenem Vertrauen Eure Herzen und Er wird in
ihnen die Zusammenfassung Seines Wortes einschreiben -
und das ist die Liebe. Lebt in unzerbrechlicher Verbindung
mit dem heiligsten Herzen meines Sohnes. Meine Kinder,
als Mutter sage ich euch, daß es höchste Zeit ist, Euch vor
meinem Sohn niederzuknien, Ihn als Euren Gott - den
Mittelpunkt eures Lebens – zu bekennen. Bringt Ihm die
Gaben dar, das, was Er am meisten liebt, und das ist die
Liebe zum Nächsten, Barmherzigkeit und reine Herzen.

Apostel meiner Liebe, viele meiner Kinder bekennen
meinen Sohn noch nicht als ihren Gott, sie haben Seine
Liebe noch nicht kennengelernt. Ihr aber werdet durch Euer
Gebet, das aus reinem und offenem Herzen gesprochen
wurde, mit den Gaben, die ihr meinem Sohn darbringt,
bewirken, daß auch die härtesten Herzen sich öffnen.
Apostel meiner Liebe, die Kraft des aus dem Herzen
gesprochenen Gebetes - mächtige Gebete voller Liebe -
verändert die Welt. Deshalb, meine Kinder, betet, betet,
betet. Ich bin bei Euch. Ich danke Euch. "

---

[33] Medjugorje Web Site, „*BOTSCHAFTEN VON MEDJUGORJE*" in
www.medjugorje.ws unter: https://www.medjugorje.ws/de/messages/
(abgerufen am 19. September 2019).

Botschaft vom 25. Januar 1987: [34]

"Heute möchte ich Euch alle dazu aufrufen, von diesem Tag
an ein neues Leben zu führen. Liebe Kinder, ich wünschte,
Ihr würdet verstehen, daß Gott jeden von Euch dazu
auserwählt hat, eine Rolle in Seinem großen Plan zur
Errettung der Menschheit zu spielen. Ihr könnt nicht ganz
verstehen, wie groß Eure Rolle in Gottes Entwurf ist. Aus
diesem Grund betet, liebe Kinder, damit es Euch durch das
Gebet möglich wird, Eure Rolle in Gottes Plan zu erkennen.
Ich bin bei Euch, damit Ihr es ganz zu erkennen vermögt."

Anmerkung: Alle veröffentlichten Botschaften können u.a.
auf den Webseiten: http://www.medjugorje.eu/messages/[35],
www.medjugorje.ws [36] und www.medjugorje.de [37]
eingesehen werden. (Angaben ohne Gewähr)

DIE ZEHN GEHEIMNISSE

Teil der Botschaften sind auch zehn Geheimnisse. Im
puncto Geheimnisse, nimmt Mirjana Soldo eine prominente
Rolle ein. So wurden ihr am 25. Dezember 1982 alle zehn
Geheimnisse in Form einer Schriftrolle anvertraut. Mirjana

---

[34] Medjugorje - Apologia.com, *The Messages of Medjugorje: The Complete
Text, 1981 - 2014*, 2014, SS. 97 - 98 (Übersetzung aus dem Englischen: Die
Autorin).
[35] The Riehle Foundation, *„All 1300 messages from the beginning until today on
one page"* in MESSAGES AND TEACHINGS OF MARY AT MEDJUGORJE
under: http://www.medjugorje.eu/messages/ (abgerufen am 6. April 2020).
[36] Medjugorje Web Site, *„BOTSCHAFTEN VON MEDJUGORJE"* in
www.medjugorje.ws unter: https://www.medjugorje.ws/de/messages/
(abgerufen am 12. Juli 2019).
[37] Deutschsprachiges Informationszentrum für Medjugorje, *„Alle bisherigen
Botschaften der Muttergottes"* in medjugorje wo der Himmel die Erde berührt
unter: https://www.medjugorje.de/botschaften/alle-botschaften/ (abgerufen am
12. Juli 2019).

zeigte diese Schriftrolle einer Cousine bzw. einem Cousin und einem Freund bzw. einer Freundin (genaueres ist nicht bekannt), aber keine/r, außer Mirjana, konnte den Inhalt in seiner eigentlichen Form wahrnehmen. Die anderen sahen eher ein Gebet oder ein Hilfsgesuch.[38]

Mirjana wurde von der Gottesmutter aufgetragen, einen Priester ihres Vertrauens zu wählen. 10 Tage vor Eintreten des ersten Geheimnisses, soll sie ihm das Geheimnis anvertrauen. Mirjana hat sich für Pater Petar Ljubičić entschieden. Vor der Veröffentlichung des Geheimnisses, sollen beide für 7 Tage fasten und beten.

Die ersten beiden Geheimnisse betreffen Warnungen an die Welt. Diese Ereignisse werden zu Mirjanas Lebzeiten eintreten. Auch sollen die Botschaften von Medjugorje, durch das Eintreten dieser beiden Geheimnisse, nachträglich legitimiert werden.[39] Um genauer zu sein, verweist das erste Geheimnis auf eine große Unruhe in der Welt.[40]

Das zweite Geheimnis bezieht sich auf die Erleuchtung des Gewissens. Es wird eine Art mini jüngstes Gericht geben.[41]

Das 3. Geheimnis kündigt ein sichtbares und permanentes Zeichen auf den Erscheinungshügel an.[42] Parallel zum

---

[38] Lynch, Dan, *The Ten Secrets of the blessed Virgin Mary*, John Paul Press, St. Albans, VT 05478, USA, 2011, SS. 20, 22.

[39] Lynch, Dan, *The Ten Secrets of the blessed Virgin Mary*, John Paul Press, St. Albans, VT 05478, USA, 2011, S. 23.

[40] prolifeformankind.com „*The 10 Secrets of Medjugorje: "What you need to know"*" in YOU TUBE veröffentlicht am: 14. April 2014 (abgerufen am 14. April 2019).

[41] prolifeformankind.com: „*The 10 Secrets of Medjugorje: "What you need to know"*" in YOU TUBE, veröffentlicht am: 14. April 2014 (abgerufen am 14. April 2019).

[42] www.saturdaynightspirit.com: „*Die Erscheinungen von Medjugorje (seit 1981)*" in: Saturday Night Spirit, unter: https://www.saturdaynightspirit.com/medjugorje/ (abgerufen am 14. April 2019).

Erscheinen des Zeichens wird es Wunder und Heilungen geben.[43]

Über die Geheimnisse 4,5,6 ist nichts bekannt.[44]

Nach dem Erscheinen des sichtbaren Zeichens, können sich die Menschen für kurze Zeit bekehren. Dann folgen aber die Bestrafungen. Die Bestrafungen werden in den Geheimnissen 7 - 10 vorhergesagt.[45]

Die Bestrafung, die im 7. Geheimnis vorhergesagt ist, konnte, laut Mirjana, durch Gebet abgemildert werden. [46] [47]

Die im 8. Geheimnis angekündigte Strafe, verängstigte Mirjana so sehr, daß sie um Gnade für die Menschheit bat. Die Strafe wurde abgeschwächt, kann aber nicht mehr ganz umgangen werden.[48]

Das im 9. Geheimnis vorhergesagte drohende Unheil, kann noch durch Gebet abgeschwächt werden.[49]

Die Strafe des 10. Geheimnisses, beinhaltet unter anderem 3 Tage Dunkelheit und kann nicht durch Gebet gemäßigt

---

[43] www.saturdaynightspirit.com: *„Die Erscheinungen von Medjugorje (seit 1981)"*
in: Saturday Night Spirit, unter:
https://www.saturdaynightspirit.com/medjugorje/ (abgerufen am 14. April 2019).
[44] prolifeformankind.com: *„The 10 Secrets of Medjugorje: 'What you need to know"'* in YOU TUBE, veröffentlicht am: 14. April 2014 (abgerufen am 14. April 2019).
[45] Lynch, Dan, *The Ten Secrets of the blessed Virgin Mary*, John Paul Press, St. Albans, VT 05478, USA, 2011, S. 21.
[46] You Tube: The 10 Secrets of Medjugorje: "What you need to know" von prolifeformankind.com, veröffentlicht am: 14. April 2014 (abgerufen am 14. April 2019).
[47] The Ten Secrets of the Blessed Virgin Mary by Dan Lynch, S 26.
[48] Medjugorje - Apologia.com, *The Messages of Medjugorje: The Complete Text, 1981-2014*, 2014, Seite 51, Botschaft vom 6. November 1982. (Übersetzung aus dem Englischen: die Autorin)
[49] Lynch, Dan, *The Ten Secrets of the blessed Virgin Mary*, John Paul Press, St. Albans, VT 05478, USA, 2011, S. 26.

werden.[50] Die Strafe ist dadurch bedingt, daß sich nicht alle Menschen bekehren werden.[51]

Botschaft zu den Warnungen (25. August 1997): [52]

„Liebe Kinder! Gott gibt mir diese Zeit als Geschenk für Euch, damit ich Euch lehren kann, wie Ihr auf den Weg des Heils gelangt und auf ihn führen kann. Liebe Kinder, jetzt versteht Ihr diesen Segen nicht, aber bald wird eine Zeit kommen, in der Ihr nach diesen Botschaften lamentieren werdet."

Mirjanas Sicht auf die Bestrafungen: „Ich möchte Euch nahelegen, nicht über die Bestrafungen zu reden, denn Unsere Liebe Frau ist nach Medjugorje gekommen, um uns zu helfen und nicht um uns zu zerstören. Sie sagte,

`Was ich in Fatima angefangen habe, werde ich in Medjugorje vollenden. Mein Herz wird triumphieren.´*

Wenn das Herz unserer Göttlichen Mutter triumphieren wird, dann was gibt es zu fürchten?"[53]

---

[50] Lynch, Dan, *The Ten Secrets of the blessed Virgin Mary*, John Paul Press, St. Albans, VT 05478, USA, 2011, S. 26 und
You Tube: The 10 Secrets of Medjugorje: "What you need to know" von prolifeformankind.com, (basierend auf dem Buch „The Last Apparition" von Wayne Weible 3. Januar 2013), veröffentlicht am: 14. April 2014 (abgerufen am 14. April 2019).
[51] You Tube: The 10 Secrets of Medjugorje: "What you need to know" von prolifeformankind.com, veröffentlicht am: 14. April 2014 (abgerufen am 14. April 2019).
[52] Medjugorje - Apologia.com, *The Messages of Medjugorje: The Complete Text, 1981-2014*, 2014, Seite 126 (Übersetzung aus dem Englischen: Die Autorin).
[53] Lynch, Dan, *The Ten Secrets of the blessed Virgin Mary*, John Paul Press, St. Albans, VT 05478, USA, 2011, S. 27.

PILGERSTATIONEN IN MEDJUGORJE

1.   Der Erscheinungsberg (Podbrdo) und Blaues Kreuz (Blue Cross)

Zum ersten Erscheinungsort führt ein grober, steiniger, ca. halbstündiger, stetig ansteigender Weg. Der Weg ist gesäumt von Bronzereliefs des italienischen Bildhauers Prof. Carmelo Puzzolo.[54] Die Reliefs stellen die Geheimnisse des freudenreichen und des schmerzhaften Rosenkranzes dar. Sie wurden 1989 aufgestellt. Oben angekommen, trifft man auf eine große Marienstatue. Sie ist eine Nachbildung der von Dino Felici erschaffenen Marienstatue, die sich auf dem Vorplatz der Pfarrkirche befindet. Die Nachbildung wurde von südkoreanischen Pilgern, zum Dank für die Heilung ihres Sohnes, gestiftet.[55] Eingeweiht wurde die Statue von Pater Ivan Sesar.[56] Es befindet sich auch ein großes hölzernes Tirolerkreuz auf dem Erscheinungsberg, das von Bozener Pilgern gestiftet wurde.[57]

Es gibt drei „Eingänge", um auf den Podbrdo zu gelangen. Der erste „Eingang", vom Ort aus auf der Kraljice Mira kommend, liegt an der Kraljice Mira 43. Beginnt man den Aufstieg zum Erscheinungsberg von hier, so ist er ca. 5 - 10 Minuten länger als die anderen Wege. Dafür ist er aber

---

[54] Carmelo Puzzolo war selbst einst Pilger in Medjugorje. Die Idee der Bronzereliefs entstand aus einer spontanen Begegnung mit Pater Slavko Barbarić.
Quelle: Medjugorje Deutschland e.V.: *„Entstehung der Bronzetafeln auf den Bergen"* in: medjugorje Wo der Himmel die Erde berührt (Quellennachweis: Zeitschrift Oase des Friedens 10/2014) (abgerufen am 17. Juli 2019).
[55] Ljubica Benović, *Medjugorje A Little* Encyclopaedia, Publishers: Euterpa Drinovci and Pogledača, Zagreb, Drinovci 2010, Seite 42.
[56] Franjo Sušac (Text und Foto), Conect Mostar (und Design), Medjugorje *MONOGRAFIA PER I PELLEGRINI,* Grafotisak, Grude 2014, Seite 18.
[57] Franjo Sušac (Text und Foto), Conect Mostar (und Design), Medjugorje *MONOGRAFIA PER I PELLEGRINI,* Grafotisak, Grude 2014, Seite 16.

leichter. Zu Anfang des Wegs befindet sich auf der rechten
Seite ein großes Holzkreuz. Es markiert die Stelle, an der
die Gottesmutter zum ersten Mal um Frieden gebeten hat.[58]

Zu den anderen zwei „Eingängen" gelangt man, indem man
auf der Kraljice Mira ungefähr 80 Meter weiter geht. Die
„Eingänge" befinden sich dann linker und rechter Hand
einer Kirche. Diese Eingänge führen auch zum sogenannten
Blauen Kreuz (Blue Cross). Dies ist eine Gebetsstation,
die ganz am Anfang des Aufstiegs ist. Namensgebend für
den Ort sind mehrere große blaue Kreuze, die dort mit
Marienstatuen aufgestellt wurden. Hier können die Pilger,
denen der ganze Aufstieg nicht möglich ist, beten. Wenn
man den kompletten Rosenkranz beim „Rundgang" auf dem
Erscheinungsberg beten möchte, sollte man bei den
Eingängen 2 oder 3 beginnen und sich an den Reliefs
orientieren. Der Rundgang ist dann bei „Eingang 1" zu
Ende. Gut zu wissen ist, daß es die Möglichkeit gibt, sich
auf einer Trage auf den Erscheinungshügel tragen zu lassen.
Diesbezüglich würde ich mich an die Informationszentrale
wenden.

**Die Wege des Erscheinungshügels sind nachts
beleuchtet.**

**Am Blue Cross finden auch öfter Marienerscheinungen
statt.**

Leider gibt es zu diesem Thema seit 18. März 2020 eine
Neuerung. Bis zum 2. März 2020 erhielt die Seherin
Mirjana hier, jeden 2. des Monats eine Botschaft. In ihrer
Gebutstagsbotschaft am 18. März 2020, teilte ihr die
Gottesmutter Mirjana mit, daß dies nun vorbei ist. Mirjana
wird jetzt nur noch an ihrem Geburtstag, dem 18. März,

---

[58] Ljubica Benović, *Medjugorje A Little Encyclopaedia*, Publishers: Euterpa
Drinovci and Pogledača, Zagreb, Drinovci 2010, Seite 42.

eine Botschaft erhalten.[59] Da ich davon ausgehe, daß diese Botschaften weiterhin in der Öffentlichkeit und am Blauen Kreuz stattfinden werden, lasse ich den nachfolgenden Text stehen. Er beschreibt, wie sich die Erscheinungen am Blauen Kreuz in der Vergangenheit zugetragen haben. Zum Zeitpunkt der Marienerscheinung, ist ein Weg für die Seherin am 3. Eingang abgezäumt. (Anmerkung: leider halten viele Pilger, einen gewissen, gebührenden Abstand zu Mirjana nicht ein) Einige Pilger verbringen sogar die ganze Nacht am Blue Cross, um ganz vorne mit dabei zu sein. Selbst wenn man nicht das Bedürfnis hat, der /die Erste sein zu müssen, sollte man trotzdem bis 7.00 Uhr dort sein. Denn ab 8.00 Uhr wird der Rosenkranz gebetet und auf den Rosenkranz folgt meistens die Erscheinung. Es wird vor jeder Erscheinung gesungen und gebetet. Die Vision dauert ca. 10 Minuten. Da sehr viele Pilger aus Italien kommen, sind der Rosenkranz und die Gesänge meist auf Italienisch. Daß die Gottesmutter Maria erscheint, weiß man nur durch die plötzlich eintretende Stille oder durch das laut gesprochene Wort: „Silenzio!" (Ruhe!).

Ein großer Schotterparkplatz befindet sich neben dem 3. Aufgang. Dort können nicht nur Busse, sondern auch Pkws parken. Zum Zeitpunkt einer Marienerscheinung, empfiehlt es sich früh zu sein, wenn man dort noch parken möchte.

Bei Problemen beim Auf-/Abstieg:
Erste Hilfenummer: 0038736650201

---

[59] Stephen Ryan: *„Visionary Mirjana's apparitions with the Blessed Mother on the 2nd of the month have permanently ended. Will appear to Mirjana once a year on her birthday."*, in MYSTIC POST 18. März 2020, unter: https://mysticpost.com/2020/03/visionary-mirjanas-apparitions-with-the-blessed-mother-on-the-2nd-of-the-month-has-permanently-ended-will-appear-to-mirjana-once-a-year-on-her-birthday/ (abgerufen am 2. April 2020).

Anmerkung zu öffentlichen Marienerscheinungen:

- Die Seherin Marija hat weiterhin, meist öffentliche, Erscheinungen an jedem 25. des Monats. Diese finden aber üblicherweise in ihrem Hotelkomplex „Magnificat" statt (siehe MÖGLICHER KONTAKT ZU DEN SEHERN, Seite 60).

- Manchmal hat der Seher Ivan auch spontane Erscheinungen der Muttergottes am Blauen Kreuz. Informieren Sie sich deshalb täglich in Ihrer Unterkunft, ob etwas Besonderes stattfindet.

„… Meine Augen und mein Herz werden hier sein, selbst wenn ich nicht mehr erscheine…" (Auszug von der Botschaft an Mirjana am 18. März 1996) [60]

---

[60] *Medjugorje 1981 – 2019: History of the apparitions and the messages of the Queen of Peace from 1981 to 2018*, Matica Hrvatska Čitluc, 2019, Seite 165. (Übersetzung ins Deutsche: die Autorin)

Marienstatue auf dem Podbrodo

Tirolerkreuz auf dem Erscheinungsberg

Relief auf dem Erscheinungsberg

Blaues Kreuz/ Blue Cross

Weg auf den Erscheinungsberg

Hier bat die Mutter Gottes zum ersten Mal um Frieden

2.   Die St. Jakobskirche

Die Errichtung der Pfarrkirche dauerte 34 Jahre, von 1935 bis 1969.[61] Die Gottesmutter erschien den Seherkindern mehrmals in der Kirche.[62]

Auf dem Vorplatz der Kirche befindet sich die von Dino Felici geschaffene „Königin des Friedens" Statue. Sie wurde 1987 aufgestellt.[63] Unweit der Statue befinden sich auch zwei Brunnen. Im Winter, jedoch, sind die Brunnen abgestellt. Aber keine Sorge, die Analyse einer Mailänder Forschergruppe, unter dem Vorsitz von Frau Gigi Capriolo, besagt, daß jedes Wasser, das aus Medjugorje mitgenommen wird, die Schwingungen des Brunnenwassers annimmt. Das Wasser von Medjugorje soll, laut Analyse, aufrichten und von der Natur her vorwiegend mesodermisch sein. Daher soll es sich positiv auf Wirbelsäule, Muskeln und Gelenke auswirken. Auch soll es der der Nervenregulierung dienen.[64]

---

[61] Ljubica Benović, *Medjugorje A Little Encyclopaedia*, Publishers: Euterpa Drinovci and Pogledača, Zagreb, Drinovci 2010, Seite 33.
[62] Sabrina Čovič – Radojičić, *Begegnungen mit Pater Jozo*, Les Editions Sakramento, 75014 Paris, Frankreich, 2014, *Location* 807.
[63] Ljubica Benović, *Medjugorje A Little Encyclopaedia*, Publishers: Euterpa Drinovci and Pogledača, Zagreb, Drinovci 2010, Seite 52.
[64] Pfarrer Bernward Maria Weiss, *„Die Wunderwasser heiliger Orte"* in www.kath-zdw.ch unter: http://kath-zdw.ch/maria/wallfahrtsorte.wundertaetiges.wasser.html (abgerufen am 18. April 2019).

St. Jakobs-
kirche von
hinten

St. Jakobs-
kirche
Seiten-
ansicht

"Königin
des
Friedens"
Statue auf
Vorplatz
von St.
Jakob

Marien-statue in der St. Jakobskirche

Beichtstühle neben der St. Jakobs-kirche

3.   Der Križevac - Kreuzberg [65] [66]

Der Kreuzberg ist der Berg oberhalb von Medjugorje, auf dem die Pfarreimitglieder 1934 ein 8.56 m hohes Betonkreuz errichtet haben.[67] Die Inschrift des Kreuzes lautet: „IHS Jesus, Christus der Erlöser des Menschengeschlechtes als Zeichen seines Glaubens, seiner Liebe und seiner Hoffnung errichtet von P. Bernardin Smoljan Pfarrer und von der Pfarre Medjugorje. Von allem Übel erlöse uns alle O Jesus!"[68]

Im Schnittpunkt des Kreuzes wurden Reliquien eingebaut. Die Reliquien wurden von Rom geschenkt. Seit der Errichtung des Kreuzes, wird auf dem Berg am Fest der Kreuzerhöhung (1. Sonntag nach Maria Geburt), die heilige Messe gefeiert. Mit den Erscheinungen der Muttergottes begannen die Gläubigen den Kreuzweg auf dem Kreuzberg zu beten.

Nach einer Marienerscheinung, wurde öfter von Pilgern das goldfarbene, handschriftlich geschriebene Wort FRIEDEN am Himmel über dem Križevac gesehen. Auch verkündete die Muttergottes auf dem Kreuzberg, daß sie die `Königin des Friedens´ sei.[69] Die Seher geben an, daß die Gospa sich zum Kreuz(-berg), am 30. August 1984 wie folgt, geäußert hat:[70]

---

[65] Die Kursivschrift im Original wurde in den meisten Botschaften entfernt.

[66] In allen Botschaften wurden Rechtschreib-, Zeichensetzungs- und Klein-/Großschreibfehler korrigiert. Um den Lesefluß, jedoch, nicht zu beeinträchtigen, wurden auf diese Korrekturen nicht durch (sic!) hingewiesen.

[67] Angela Mahmoodzada u. Beatrix Zureich, *Medjugorje Kurzbericht*, 1. Aufl., Miriam Verlag, 79798 Jestetten, 2010, Seite 36.

[68] Mario Vasilj, *Medjugorje Aposteln der Gospa Mirjana bezeugt*, Ogranak Matice hrvatske u Čitluk 2015, Seite 137.

[69] Angela Mahmoodzada u. Beatrix Zureich, *Medjugorje Kurzbericht*, 1. Aufl., Miriam Verlag, 79798 Jestetten, 2010, S. 36.

[70] Mario Vasilj, *Medjugorje Aposteln der Gospa Mirjana bezeugt*, Ogranak Matice hrvatske u Čitluk 2015, Seite 96.

„Liebe Kinder auch das Kreuz war im Plane Gottes als Ihr es errichtet habt. Geht in diesen Tagen jeder für sich auf den Berg und betet unter dem Kreuz. Ich brauche Eure Gebete. Danke, daß ihr meinem Ruf gefolgt seid!"

Am 24. November 2000 wurde unterhalb des Kreuzes ein Bronzerelief zu Ehren von Pater Slavko Barbarić errichtet. Pater Barbarić hatte sich sehr für Medjugorje eingesetzt. Ein Jahr zuvor war er in Begleitung einer Pilgergruppe, an der Stelle des Reliefs, an Herzversagen gestorben.[71]

Der Aufstiegseingang zum Kreuzberg liegt an der Put Križevaca. Gegenüber des `Eingangs´ befindet sich ein kleiner Parkplatz. Er ist trotz Parkautomat nicht gebührenpflichtig.

Der Weg ist ebenso steinig und steil, wie der auf den Podbrdo. Allerdings sollte man für den Aufstieg bis zu 1 Stunde 15 Minuten einkalkulieren.

Betet man noch den Kreuzweg, dauert der Aufstieg ca. 1 Stunde 30 Minuten. Auch hier wurden Bronzereliefs angebracht, diesmal um den Kreuzweg zu beten.

Der Weg auf den Križevac ist nachts nicht beleuchtet.

Bei Problemen beim Auf-/Abstieg:
Erste Hilfenummer: 0038736650201

---

[71] Angela Mahmoodzada u. Beatrix Zureich, *Medjugorje Kurzbericht*, 1. Aufl., Miriam Verlag, 79798 Jestetten, 2010, S. 36.

Križevac Kreuz

Weg auf den Kreuzberg

Relief von Pater Slavko Barbarić

4.   Die Via Domini

Die Allee, die den Namen Via Domini (der Weg des Herrn) trägt, liegt hinter der St. Jakobskirche. Sie führt in Richtung Križevac.

Entlang dieses Weges befinden sich 5 Mosaike, die den Lichtreichen Rosenkranz darstellen.[72]

Man sollte sich nicht wundern, dort nachts „geparkte" Pferde vorzufinden.

---

[72] Travel-medjugorje.com:„*The top 10 things to do while in Medjugorje*", in whl.travel 2016, unter:
https://www.travel-medjugorje.com/travel-info/The-top-10-things-to-do-while-in-medjugorje (abgerufen am 14. April 2019).

5.　　Die Statue des auferstandenen Jesu

Hat man alle 5 Mosaike, kommend von der St. Jakobskirche, auf der Via Domini passiert, so findet man auf der rechten Seite die Statue des auferstandenen Jesu. Der slowenische Bildhauer Andrej Ajdič schenkte sie der Pfarrei 1998 zum ersten Ostertag.[73]

Unfaßbar ist, daß die Statue seit dem Jahr 2000 eine Flüssigkeit unterhalb des rechten Knies absondert.[74]

Diverse Physiker haben die Statue begutachtet, konnten aber keine logische Erklärung für das Phänomen finden.[75] Der italienische „Turiner Tuch" Experte, Professor Giulio Fanti, von der Universität zu Padua, hat die Flüssigkeit analysiert und kam zu folgendem Befund: Die Flüssigkeit besteht zu 99 Prozent aus Wasser, enthält aber auch Spuren von Kalzium, Kupfer, Eisen, Kalium, Magnesium, Sodium,

---

[73] Stephen Ryan: „Medjugorje. The unveiled mysteries of the statue of the risen Christ", in MYSTIC POST 9. August 2018, unter: https://mysticpost.com/2018/08/medjugorje-the-unveiled-mysteries-of-the-statue-of-the-risen-christ/ (abgerufen am 11. April 2019).
[74] Medjugorje Web Online Store: „Risen Christ" unter: https://medjugorje.org/ccart/statues/risen-christ.html (abgerufen am 21.4.2019).
[75] Medjugorje Web Online Store: „Risen Christ" unter: https://medjugorje.org/ccart/statues/risen-christ.html (abgerufen am 21.4.2019).

Schwefel und Zink.[76] Auch kristalliert die Flüssigkeit in
getrocknetem Zustand.[77] Viele Pilger wischen diese
Tröpfchen, denen Heilwirkung nachgesagt wird ab und
bringen sie zu den Kranken.[78]

Der Hüftbereich der Statue wurde vom Künstler mit
Zeitungspapier, auf dem der Psalm 138 steht, ummantelt.[79]

Stellen Sie sich bitte immer darauf ein, auch mal bis zu
einer halben Stunde geduldig zu warten, bis Sie selbst zur
Statue gelangen.

Der kleine Platz, in dem sich die Statue befindet, dient dem
stillen Gebet und seit 2002 auch dem Gebet des
Kreuzwegs.[80] So können Pilger, denen der Aufstieg zum
Križevac nicht möglich ist, hier den Kreuzweg beten.[81]

---

[76] Stephen Rya: *„Medjugorje. The unveiled mysteries of the statue of the risen
Christ"*, in MYSTIC POST 9. August 2018, unter:
https://mysticpost.com/2018/08/medjugorje-the-unveiled-mysteries-of-the-
statue-of-the-risen-christ/ (abgerufen am 11. April 2019).
[77] Stephen Ryan: *„Medjugorje. The unveiled mysteries of the statue of the risen
Christ."*, in MYSTIC POST 9. August 2018, unter:
https://mysticpost.com/2018/08/medjugorje-the-unveiled-mysteries-of-the-
statue-of-the-risen-christ/ (abgerufen am 11. April 2019).
[78] Stephen Ryan: *„Medjugorje. The unveiled mysteries of the statue of the risen
Christ."*, in MYSTIC POST 9. August 2018, unter:
https://mysticpost.com/2018/08/medjugorje-the-unveiled-mysteries-of-the-
statue-of-the-risen-christ/ (abgerufen am 11. April 2019).
[79] Stephen Ryan: *„Medjugorje. The unveiled mysteries of the statue of the risen
Christ."*, in MYSTIC POST 9. August 2018, unter:
https://mysticpost.com/2018/08/medjugorje-the-unveiled-mysteries-of-the-
statue-of-the-risen-christ/ (abgerufen am 11. April 2019).
[80] Medjugorje Deutschland e.V.: *„Auferstandener Jesus"*, in: Medjugorje Wo
der Himmel die Erde berührt, unter:
https://www.medjugorje.de/medjugorje/ueber-medjugorje/orte-des-
gebetes/auferstandener-jesus/ (abgerufen am 21.April.2019).
[81] Travel-medjugorje.com: *„The top 10 things to do while in Medjugorje"*, in
whl.travel 2016, unter:
https://www.travel-medjugorje.com/travel-info/The-top-10-things-to-do-while-
in-medjugorje (abgerufen am 14. April 2019).

6. Das Haus des ungeborenen Lebens

Geht man auf der Via Domini nach der Statue des Auferstandenen Jesu in Richtung Friedhof weiter, so trifft man auf der linken Seite auf eine Bilderwand von Medjugorje. Nach der Bilderwand befindet sich das Haus des ungeborenen Lebens.

Dort hat man die Möglichkeit für das ungeborene Leben zu beten. Mehrsprachige Literatur zu den Themen, Entstehung des Lebens und Abtreibung liegt auch aus.

7.   Der Friedhof von Kovačica

Am Ende der Via Domini liegt der Friedhof von Kovačica.
Pater Slavko Barbarič wurde hier bestattet. Viele Pilger
suchen sein Grab auf, um von ihm Fürsprache zu erbitten.
Die Pilger stützen sich dabei auf die Botschaft vom 25.
November 2000, in der Maria sagte: *„ Ich freue mich mit
Euch und ich möchte Euch mitteilen, daß Euer Bruder
Slavko in den Himmel geboren wurde und für Euch
eintritt… ".* [82]

---

[82] Travel-medjugorje.com:*„The top 10 things to do while in Medjugorje"*, in
whl.travel 2016, unter: https://www.travel-medjugorje.com/travel-info/The-top-
10-things-to-do-while-in-medjugorje
(abgerufen am 14. April 2019).

8.   Anbetungskapelle

Die Anbetungskapelle ist neben der St. Jakobskirche. Laut
Gebetsprogramm des Informationszentrums, ist sie
nachmittags zugänglich. Dies kann ich leider so pauschal
nicht bestätigen. Allerdings finden hier regelmäßig
Gottesdienste der verschiedenen Pilgergruppen statt.

9.   Der Kerzenpark

Steht man vor der St. Jakobskirche, so befinden sich rechter
und linker Hand die Beichtstühle. Auf der rechten Seite gibt
es bei den Beichtstühlen eine Durchgangstür zum
Kerzenpark. Man gelangt auch zum Kerzenpark, indem man
von außen um die Beichtstühle herumgeht. Im Kerzenpark
ist ein großes Holzkreuz. Dieser Ort dient dem stillen

Gebet. Hier können die Pilger auch ihre Votivkerzen anzünden.[83]

Es ist von Vorteil sein eigenes Feuerzeug dabeizuhaben.

10.   (Soziale) Einrichtungen

Im Zentrum von Medjugorje befinden sich auch diverse soziale Einrichtungen. Sie wurden auf Initiative von *Pater Slavko Barbarić* gegründet. Zu den Einrichtungen zählen zwei Drogenzentren: Das Dorf „**Cenacolo**" (ital. für Abendmahlsaal)[84] und das „**Campo della vita**" (Ort des Lebens). Eine weitere Einrichtung ist das „**Majčino selo**" („Mutterdorf").[85] Es wurde nach dem Krieg, der die Region von 1991 – 1995 heimsuchte, ins Leben gerufen. Es bot zunächst Schutz für Kinder, die entweder verwaist oder

---

[83] Travel-medjugorje.com*: „The top 10 things to do while in Medjugorje"*, in whl.travel 2016, unter:
https://www.travel-medjugorje.com/travel-info/The-top-10-things-to-do-while-in-medjugorje (abgerufen am 14. April 2019).
[84] Das Cenacolo: Kraljice Mira 108, Tel: +387 366 517 56
E-Mail: campo.della.vita@tel.net.ba, Associazione San Lorenzo – ONLUS, *Communità Cenacolo,* unter:
http://www.comunitacenacolo.it/official/index.php?option=com_content&view=article&id=173 (abgerufen: am 23. April 2019).
[85] Tel.: +387-36-653-000
Fax +387-36-653-020
E-mail: info@mothersvillage.org
Web: www.mothersvillage.org (abgerufen am 4. Mai 2019).

alleingelassen waren, sowie für Kinder, die aus zerrütteten Familienverhältnissen stammten. Auch Kinder, die in großer Armut lebten fanden hier Zuflucht. Heute umfaßt das soziale Engagement des Dorfes noch andere Bereiche.[86]

Die Frucht einer schottischen Pilgerreise ist auch die Hilfsaktion **Mary´s Meals**.[87] Der Mary´s Meals „Laden" liegt an der Pape Ivana Paula II, vor der St. Jakobskirche auf der rechten Seite.

Die Vereinigung der **Missionarsschwestern der verwundeten Familie** kümmert sich unter anderem um verwaiste Kinder und Senioren.[88]

---

[86] Hubert Liebherr: *„ Medjugorje Wo der Himmel die Erde berührt "*, in Medjugorje.de ‚unter:
https://www.medjugorje.de/medjugorje/humanitaer/mutterdorf/ (abgerufen am 4. Mai 2019).
[87] https://www.marysmeals.de/ (abgerfufen am 4. Mai 2019).

Mary´s Meals Deutschland e.V.
Fürstenbergerhofstr. 21
5516 Mainz
Tel.: 061312754300
E - Mail: info@marysmeals.de (Angaben laut Infobroschüre)

[88] Spendenkonto:
Dom za stare i iznemogle osobe "IVAN PAVAO II"
Kontonummer: 3381202253488977
IBAN: BA 393381204853587460 - EUR
SWIFT CODE: UNCRBA22
Quelle:
Sestre Misionarke Ranjene Obitelji: *„Contact Information "* in: Obiteljski Obiteljski Centar Papa Ivan Pauao II 2017 unter:
http://www.sestre-mro.info/it/charitable-work (abgerufen am 17. Juli 2019).

Cenacolo

Eingang zum Mutter- dorf

Mary´s Meals

11.   Der Garten des hl. Franziskus

Er ist das letzte Projekt des verstorbenen *Pater Slavko Barbarić*. Dieser Garten liegt neben dem Mutterdorf und dient nicht nur dem Gebet und der Erholung, sondern war auch eine didaktische Einrichtung für Kinder. So wurde dort z.B. auch die Hypotherapie (therapeutisches Reiten) für behinderte Kinder angeboten.[89] Leider wurde der Park größtenteils, wohl aus Kostengründen, gesperrt. Nur das Amphitheater, das sich gut für Messen im Freien eignet, ist durch einen Eingang innerhalb des Mutterdorfes zugängig.

---

[89] Udruga Međugorje - MIR, Split, HR „*FÜHRER DURCH DAS HEILIGTUM DER KÖNIGIN DES FRIEDENS*" in medjugorje.hr Juni 2002, unter: http://www.medjugorje.hr/de/phanomen-medjugorje/fuhrer/ (abgerufen am 28. März 2019).

Eingang zum Garten durch das Mutterdorf

Lageplan des Gartens

Christusstatue beim Amphitheater

Das Amphitheater im Garten

12.   Gemeinschaften

Menschen, die ein säkulares, Gott geweihtes Leben suchen,
finden die **„Gemeinschaft Oase des Friedens"** [90] und die
„Gemeinschaft der Seligpreisungen" in Medjugorje. [91]

Die Kapelle der Oase des Friedens wird auch von
Pilgergruppen für Messen benutzt.

---

[90] Medjugorje Deutschland e.V.: *„Gemeinschaft "Oase des Friedens"* in
medjugorje.de, unter:
https://www.medjugorje.de/medjugorje/gemeinschaften/oase-des-friedens/
(abgerufen am 28. März 2019).

Comunita Mariana "Oasi della Pace"
Casa Generalizia
Casella Postale 25
I-02036 Passo Corese
Tel.: 0039-765-488993

Marijanska Zajednica "Oaza Mira"
Bijakovići
BiH-88266 Medjugorje
Bosnien-Herzegowina
Email: oaza-mira*(Bitte entfernen)*@tel.net*(Bitte entfernen)*.ba
Tel.: 00387-36-651829

[91] Medjugorje Deutschland e.V.: *„Gemeinschaft der `Seligpreisungen"* in
medjugorje.de, unter:
https://www.medjugorje.de/medjugorje/gemeinschaften/seligpreisungen/
(abgerufen am 21. April 2019).

Gemeinschaft der Seligpreisungen
Ostwall 5
D-47589 Uedem
Tel: 02825 / 53 58 71
Fax: 02825 / 53 58 72
uedem@seligpreisungen.org
Gemeinschaft der Seligpreisungen
Regina Pacis
BiH-88266 Medjugorje
E - mail: foyer.medjugorje*(Bitte entfernen)*@gmail *(Bitte entfernen)*.com
Tel. 00387-36 65 17 52

„Die Gemeinschaft Maria, Königin des Friedens" [92], leitet in der Nähe des Friedhofs ein Haus der Begegnung. Insbesondere Jugendliche können dort Orientierungshilfe bekommen. Aber auch Pilgergruppen sind zum Gebet und Gespräch eingeladen.

„Die Gemeinschaft Barmherziger Vater" [93] unterstützt Jugendliche bei der Bewältigung von Drogen- und Alkoholsucht.

---

[92] Medjugorje Deutschland e.V.: *Gemeinschaft „Maria, Königin des Friedens"* in medjugorje.de, unter:
https://www.medjugorje.de/medjugorje/gemeinschaften/maria-koenigin-des-friedens/ (abgerufen am 21. April 2019).
Haus der Begegnung
Put Kovačici 26
88266 Međugorje
Tel.: +38763 356529
E - Mail: hausderbegegnung@maria-frieden.at

[93] Medjugorje Deutschland e.V.: *Gemeinschaft des „Barmherzigen Vaters"* in medjugorje.de, unter:
https://www.medjugorje.de/medjugorje/gemeinschaften/barmherziger-vater/
(abgerufen am 21. April 2019).

Präsident: Fra Svetozar Kraljevic Bijakoviči
88266 Medjugorje
Bosna i Hercegovina
Tel/Fax: +387-36-653-058
E - Mail: motac@tel.net.ba
Website: http://www.milosrdni-otac.com

DIE SEHER

1.   Ivanka Ivanković - Elez

Die Seherin wurde am 21. Juni 1966 in Bijakovići geboren. Ihr erschien die Gottesmutter als Erste. Am 7. Mai 1985 erhielt sie das zehnte Geheimnis. Seitdem erscheint ihr die Gospa jährlich am 25. Juni. Seit 1986 ist sie verheiratet und lebt mit ihrer Familie in Medjugorje. Sie betet für die Familien.[94]

2.   Vicka Ivanović - Mijatović

Vicka ist eine Cousine von Ivanka und wurde am 3. September 1964 in Bijakovići geboren. Sie erhielt 9 Geheimnisse. Seit 2002 ist sie verheiratet und hat eine Tochter und einen Sohn. Mittlerweile wohnt Vicka unweit von Medjugorje, in Krehin Gradac. Sie hat auch weiterhin regelmäßige Visionen der Gottesmutter.[95] Ihr ist das Gebet für die Kranken anempfohlen worden. Die Seherin ist zeitweilig schwer krank und nimmt daher nur noch selten den Kontakt zu Pilgern auf.

Hervozugeben ist, daß Vicka, das Leben der Gottesmutter aufschreiben durfte. Die Veröffentlichung des Buches, erfolgt auf Geheiß der Gospa. [96]Auch wurden der Familie Ivanović 2 antike Rosenkränze von der Gottesmutter geschenkt.[97]

---

[94] Angela Mahmoodzada u. Beatrix Zureich, *Medjugorje Kurzbericht*, 1. Aufl., Miriam Verlag, 79798 Jestetten, 2010, SS. 24 - 25.
[95] Angela Mahmoodzada u. Beatrix Zureich, *Medjugorje Kurzbericht*, 1. Aufl., Miriam Verlag, 79798 Jestetten, 2010, S. 22.
[96] Mario Vasilj, *MEDJUGORJE APOSTELN DER GOSPA VICKA BEZEUGT*, Zweigstelle der Zentrale Hrvatska in Čitluk (Herausgeber) 2015, S. 29.
[97] Mario Vasilj, *MEDJUGORJE APOSTELN DER GOSPA VICKA BEZEUGT*, Zweigstelle der Zentrale Hrvatska in Čitluk (Herausgeber) 2015, SS. 66, 67.

3.   Mirjana Dragicević - Soldo

Mirjana wurde am 18. März 1965 in Sarajevo geboren. Sie
erhielt alle zehn Geheimnisse. Mirjana ist verheiratet und
lebt mit ihrer Familie in Medjugorje. Seit dem 25.
Dezember 1982 erscheint ihr die Muttergottes immer am
18. März. Zusätzlich hörte Mirjana seit dem 2.August 1987
die Stimme der Gospa an jedem 2. des Monats. Manchmal
erschien ihr die Mutter Gottes aber auch. Diese
Begegnungen mit der Jungfrau Maria, erlebte die Seherin
meist öffentlich und am Blauen Kreuz. Seit 2008 wurden
die monatlichen Botschaften publiziert. [98] Seit dem 18.
März 2020, haben diese öffentlichen Erscheinungen am 2.
jeden Monats aufgehört. [99]
Mirjana betet insbesondere für die Menschen, die der Liebe
Gottes noch fern sind.[100]

4.   Ivan Dragicecvić

Ivan wurde am 25. Mai 1965 in Bijakovići geboren. Ivan
weiß um 9 Geheimnisse. Obwohl er seit 1994 mit einer
Amerikanerin verheiratet ist und mit seiner Familie in
Boston U.S.A. lebt, verbringt er einige Monate im Jahr in
Medjugorje. Er hat immer noch tägliche Erscheinungen.[101]
Spontane Erscheinungen am Blauen Kreuz werden von den

---

[98] Angela Mahmoodzada u. Beatrix Zureich, *Medjugorje Kurzbericht*, 1. Aufl.,
Miriam Verlag, 79798 Jestetten, 2010, S. 25.

[99] Stephen Ryan:*„Visionary Mirjana's apparitions with the Blessed Mother on
the 2nd of the month have permanently ended. Will appear to Mirjana once a
year on her birthday."*, in MYSTIC POST 18. März 2020, under:
https://mysticpost.com/2020/03/visionary-mirjanas-apparitions-with-the-
blessed-mother-on-the-2nd-of-the-month-has-permanently-ended-will-appear-
to-mirjana-once-a-year-on-her-birthday/ (abgerufen am 2. April 2020).

[100] Angela Mahmoodzada u. Beatrix Zureich, *Medjugorje Kurzbericht*, 1. Aufl.,
Miriam Verlag, 79798 Jestetten, 2010, S. 32.
[101] Angela Mahmoodzada u. Beatrix Zureich, *Medjugorje Kurzbericht*, 1. Aufl.,
Miriam Verlag, 79798 Jestetten, 2010, S. 23.

meisten Unterkünften bekanntgegeben. Ihm ist besonders das Gebet für die Jugendlichen und Priester anempfohlen worden. Des weiteren leitet er eine Gebetsgruppe, die sich gelegentlich auf dem Erscheinungshügel trifft.[102]

5.   Ivan Ivanković

Da Ivan Ivanković keine Erscheinungen mehr hat, steht er nicht mehr in der Öffentlichkeit.

6.   Milka Pavlović

Gleiches gilt für Milka Pavlović. Auch sie steht nicht mehr in der Öffentlichkeit.

7.   Marija Pavlović - Lunetti

Marija wurde am 1. April 1965 in Bijakovići geboren.[103] Die Gottesmutter hat ihr 9 Geheimnisse anvertraut. Durch Marija wurden bis 1987 jeden Donnerstag Botschaften der Gottesmutter übermittelt. Seit dem 25. Januar 1987 übermittelt die Seherin am 25. jeden Monats eine Botschaft an die Welt. Leider ist es schwierig bei diesen Erscheinungen zugegen zu sein, da Marija es vorzieht, die Visionen in ihrem `Magnificat´ Komplex zu erleben. 1993 heiratete sie einen Italiener und lebt mit ihren Kindern in Monza bei Mailand. Ihr wurde das Gebet für die Armen aufgetragen.[104]

---

[102] Angela Mahmoodzada u. Beatrix Zureich, *Medjugorje Kurzbericht*, 1. Aufl., Miriam Verlag, 79798 Jestetten, 2010, S. 23.
[103] Pansion Jasna, 2010, unter: http://pansion-jasna.com/about%20medjugorje.html (abgerufen am 21. April 2019).
[104] Angela Mahmoodzada u. Beatrix Zureich, *Medjugorje Kurzbericht*, 1. Aufl., Miriam Verlag, 79798 Jestetten, 2010, S. 23.

8.   Jakov Čolo

Der Seher wurde am 6. März 1971 in Sarajevo geboren.[105]
Am 12. September 1998 erhielt er das 10. Geheimnis.
Seitdem erscheint ihm die Muttergottes jährlich am 25.
Dezember. Seit 1993 ist Jakov mit einer Italienerin
verheiratet und lebt mit seiner Familie in Medjugorje. Er
leitet eine Gebetsgruppe für Kinder und betet auf Wunsch
der Muttergottes, insbesondere für die Pilger und die
Kranken.[106] Zu Jakov Čolo ist noch Folgendes zu sagen:

Jakov war zur Zeit der Erscheinungen erst 10 Jahre alt,
seine Mutter verstorben und sein Vater berufsmäßig im
Ausland. Ihn bat die Gottesmutter Pater Jozo mitzuteilen,
daß sie das Gebet des Rosenkranzes wünsche.[107] Auch war
es der Wunsch der Gottesmutter, daß Vicka ihre
Schulausbildung abbrechen sollte, um sich um Jakov zu
kümmern. Vicka folgte dieser Weisung.[108]

9.   Jelena Vasilj - Valente

Jelena Vasilj - Valente gibt an, seit 1982 die Stimme der
Jungfrau Maria im Inneren wahrzunehmen.[109]

---

[105] Pansion Bell, unter: http://medjugorje-81.com/vidioci/jakov-colo/?lang=en
(abgerufen am 21. April 2019).
[106] Angela Mahmoodzada u. Beatrix Zureich, *Medjugorje Kurzbericht*, 1. Aufl.,
Miriam Verlag, 79798 Jestetten, 2010, S. 24.
[107] Stephen Ryan: *„Medjugorje The Little Boy Who Talks to the Celestial
Mother of God Made the Rosary Come to the Church in Medjugorje"* in
MYSTIC POST 2. Februar 2018, unter: https://mysticpost.com/2018/02/little-
boy-talks-celestial-mother-god-made-rosary-come-church-medjugorje/
(abgerufen am 21. April 2019).
[108] Stephen Ryan: *„Medjugorje: The Strange Rosary of 7 Beads that Our Lady
Says Helps Free Souls from Purgatory"*, in MYSTIC POST 19. Oktober 2018,
unter: https://mysticpost.com/2018/10/the-strange-rosary-of-7-beads-that-our-
lady-says-helps-free-souls-from-purgatory/ (abgerufen am 26. März 2019).
[109] Angela Mahmoodzada u. Beatrix Zureich, *Medjugorje Kurzbericht*, 1. Aufl.,
Miriam Verlag, 79798 Jestetten 2010, SS. 25 - 27.

10. Marijana Vasilj - Juricić

Auch Marijana Vasilj - Juricić behauptet seit 1982 die Stimme der Gottesmutter im Inneren zu hören. [110]

STELLUNGNAHME DER KIRCHE

Trotz starker Fürsprache von Papst Johannes Paul II, wurde Medjugorje bis heute vom Vatikan nicht ganz anerkannt. Johannes Paul II meinte bei einem Treffen mit Mirjana in Castel Gandolfo sogar, daß „Wenn ich nicht Papst wäre, wäre ich schon längst in Medjugorje gewesen" und „daß es die Hoffnung für die ganze Welt sei."[111] 2010 setzte Papst Benedikt XVI, unter der Leitung von Kardinal Camillo Ruini, eine Glaubenskongregation ein. Diese unterschied zwischen den Erscheinungen der 80er Jahre und den letzteren. Die Ruini Glaubenskongregation stufte die anfänglichen Erscheinungen als glaubhaft ein.[112] Am 31. Mai 2018 ernannte Papst Franziskus den polnischen Erzbischof Henryk Hoser, als Apostolischen Visitator für die Pfarrei Medjugorje. Hoser kam zu einem ähnlichen Urteil wie die Ruini Kongregation.[113]

---

[110] Angela Mahmoodzada u. Beatrix Zureich, *Medjugorje Kurzbericht*, 1. Aufl., Miriam Verlag, 79798 Jestetten 2010, SS. 25 – 27.

[111] kath-zdw.ch/forum/index.php?topic=4748.0 (veröffentlicht am 2. Februar 2018 von „Fesa", bezugnehmend auf das Buch *"Gespräch mit den Sehern"* Verlag Tiberias 2009.

[112] ERZDIÖZESE WIEN, Franziskus skeptisch zu neuen Medjugorje-Erscheinungen, in Katholische Kirche Erzdiözese Wien 15. Mai 2017, unter: https://www.erzdioezese-wien.at/site/nachrichtenmagazin/schwerpunkt/papstfranziskus/article/57124.html (abgerufen am 23. April 2019).

[113] Dicasterium pro Communicatione, *Franziskus entsendet Visitator nach Medjugorje* in VATICAN NEWS 2017-2019, unter: https://www.vaticannews.va/de/papst/news/2018-05/franziskus-entsendet-visitator-medjugorje-hoser.html (abgerufen am 23. April 2019).

Bis ein abschließendes päpstliches Urteil gefällt wird, bleibt
Medjugorje als Gebetsstätte anerkannt.[114] Katholiken ist es
aber untersagt, zu den Sehern Kontakt aufzunehmen und an
Marienerscheinungen teilzunehmen.[115] Dennoch gibt es
jetzt eine positive Wende seitens des Vatikan. Seit dem 13.
Mai 2019 haben Medjugorje - Pilger den Segen von Papst
Franziskus.[116] Drei Monate später, wurden auch
hochrangige Vatikan - Vertreter, zum ersten offiziell
ankerkannten Jugendfestival in Medjugorje entsandt. Dies
wird als weitere Anerkennung der Erscheinungsstätte
verstanden.[117]

WIE KOMME ICH NACH MEDJUGORJE?

Am Einfachsten ist die Anreise wohl per Flugzeug.
Mögliche Anflugsziele sind die Touristenorte Zadar, Split
und Dubrovnik. Von dort kann man dann per Auto die lange
Grenzzone passieren. Von Dubrovnik aus, gibt es auch
einen Nachtbus.[118] Ideal ist es einen Flug nach Mostar
(OMO) zu bekommen. Der Flughafen ist nämlich nur ca. 20

---

[114] Totus Tuus – Neuevangelisierung e.V., Mit Totus Tuus nach Medjugorje, in
Totus Tuus 2005-2018 unter: http://www.totus-tuus.de/site/medjugorje/mit-
totus-tuus-nach-medjugorje/ (abgerufen am 23. April 2019).
[115] Felizitas Küble, *Vatikan untersagt Katholiken Teilnahme an Pro-
Medjugorje-Versammlungen* in kathnews Rom und die Welt 20. März 2015,
unter: http://www.kathnews.de/vatikan-untersagt-katholiken-teilnahme-an-pro-
medjugorje-versammlungen (abgerufen am 23. April 2019).

[116] Independent.ie: „*Pope finally gives his blessing to Medjugorje pilgrims*"
unter: https://www.independent.ie/world-news/europe/pope-finally-gives-his-
blessing-to-medjugorje-pilgrims-38104871.html (aberufen am 18. Mai 2019).
[117] Jonathan Luxmoore CATHOLIC NEWS SERVICE: „*Vatican confirms
Medjugorje approval by joining youth festival*" in CRUX Taking the Catholic
Pulse 7. August 2019, unter: https://cruxnow.com/church-in-
europe/2019/08/vatican-confirms-medjugorje-approval-by-joining-youth-
festival/(abgerufen am 15. März 2020).
[118] Rome2rio, unter: https://www.rome2rio.com/map/Munich-Airport-
MUC/Medjugorje (abgerufen am 23. April 2019).

Kilometer von Medjugorje entfernt.[119] Laut Webseite, wird der Fughafen von folgenden Fluggesellschaften angeflogen[120]:

◆ AlMasria Universal Airlines

◆ Aeolian Airlines

◆ Alitalia

◆ Helitt Lineas Aereas

◆ Livingston

◆ Meridiana

◆ Mistral Air

◆ Small Planet Airlines

◆ Neos

◆ Trade Air

Angaben ohne Gewähr.

MÖGLICHER KONTAKT ZU DEN SEHERN

Um seine Pilgerreise mit einer Begegnung mit einem/er Seher/in zu verbinden, ist es nicht notwendig organisiert zu reisen. So kann man, zum Beispiel, einer Marienerscheinung beiwohnen.

Auch ist eine Kontaktaufnahme zu den Sehern über die Informationszentrale möglich.

---

[119]https://www.mytrip.com/(abgerufen am 4. Mai 2019).
[120] http://mostar-airport.ba/en/ (abgerufen am 4. Mai 2019).

Ferner gibt es die folgenden Pensionen/Hotels, die von den Sehern geführt werden (was aber nicht heißen soll, daß man zwingend auf die Seher trifft):

1.   **Pansion DH Dragicević** in Bijakovići, Medjugorje [121]

        Tel: + 387 (0) 36650389
        E-Mail: info@travel-medjugorje.com

2.   **Pansion Stana,** ist nur 50 Meter von der St. Jakobskirche entfernt. Sie wurde von Mirjana in 2015 eröffnet.

        Pape Ivana Paula II 20, 88266 Medjugorje
        E-Mail: pansion@medjugorje-stana.com [122]
        Tel: + 387 36 833 832

3.   **Das Magnificat Center** [123]
        Das Center ist ein Hotel/Restaurant- Komplex unter der Leitung von Marija Pavlović - Lunetti. Sie

---

[121] Whl travel: *Pansion Dragevic* in: Medjugorje Tours and Travel 2016, unter: https://www.travel-medjugorje.com/Pension_Dragicevic (abgerufen am 21. April 2019).
[122] Hotel Stana, unter: http://medjugorje-stana.com/ (abgerufen am 21. April 2019).
[123] Magnificat Center, 2016 -2017, unter: http://www.magnificat.center/?lang=en (abgerufen am 21.April 2019).

empfängt in diesem Center, im Beisein von Pilgern, (gelegentlich) ihre Botschaften.

Ulica Kraljice Mira 106,
Bijakovići, BiH-88266 Medjugorje,
Tel: + 387.36.650359, + 387.36.653809-10
Fax: + 387.36.653811
E - Mail: magnificatcenter2014@gmail.com
http://www.magnificat.center/?lang=en

4.   Jakov Colos Pansion Bell [124]

Ilke Baraća 32,
88266 Međugorje
E-Mail: tvukosav@net.hr
Tel: + 387 36 650 141
+ 387 36 651 141[125]
http://medjugorje-81.com/vidioci/jakov-colo/?lang=e

Des weiteren konnte ich noch folgende Reiseveranstalter finden, die eine Nähe zu Sehern ermöglichen.

1. **Dragićević Family House Pilgrimages,** (mit Ivan als Gastgeber) organisiert durch
206 Tours Inc.[126]

333 Marcus Blvd.
Hauppauge, NY 11788
Tel: 1-800-206-TOUR (8687)
E-Mail sales@206tours.com
http://www.pilgrimages.com/medj/

---

[124] Medjugorje - 81.com: *Pansion Bell* unter: http://medjugorje-81.com/vidioci/jakov-colo/?lang=en (abgerufen am 21. April 2019).
[125] Medjugorje - 81.com: *Pansion Bell* unter: http://medjugorje-81.com/vidioci/jakov-colo/?lang=en (abgerufen am 21. April 2019).
[126] http://www.pilgrimages.com/medj/(abgerufen am 4. Mai 2019).

2. **Magnificat Tours (mit Mirjana als Gastgeberin)**[127]

> 983 E. Rojo Way Gilbert, AZ 85297
> Tel.: 480.726.8611
> Tel.: 877.333.9290

3. **Mafegeni Viaggi (Begegnung mit Vicka)** [128]
    Via Bagnolo 14, Tavazzana (LO) Italien

> Tel: 02.39523309 | 02.395233
> (Mo - Fri: 9.00 - 18.00)
> Tel: (Vorwahl Italien: 0039) 327.1493890
> (durchgehend)

Anmerkung: Pilger, die „lediglich" der Seelsorge benötigen, können sich an die Informationszentrale wenden. Diese vermittelt den Kontakt zu den Franziskanermönchen und zu den Priestern.[129]

DEUTSCHSPRACHIGE ANBIETER VON PILGERREISEN NACH MEDJUGORJE

1. Die vom Miriam Verlag zu beziehende **Echo von Medjugorje** Broschüre verweist auf anstehende Pilgerfahrten:

---

[127] http://www.magnificattours.com/medjugorje-tour-dates.php (abgerufen am 4. Mai 2019).

[128] https://www.pellegrinaggisanti.com/club-magellano/ (abgerufen am 4. Mai 2019).

[129] Medjugorje WebSite: „*Information Centre "Mir" Medjugorje*" in www.medjugorje.hr 10. November 2006, unter: https://www.medjugorje.ws/en/apparitions/docs-information-center-mir-medjugorje/ (abgerufen am 4. Mai 2019).

Miriam -Verlag
D - 79798 Jestetten
Tel: 07745/9298-30
Fax: 07745/929859

REISEVERANSTALTER FÜR JUNGE MENSCHEN UND FAMILIEN:

1. **Totus Tuus** [130]

Christiane und Robert Gladbach
Zum Greetler 26
33154 Oberntudorf
Tel.: 05258 / 93 81 58
E-Mail: medjugorje@totus-tuus.de

2. **Verein zur Förderung der Christlichen Familie**[131]

Geschäftsführer DI Robert Schmalzbauer
Husarentempelgasse 4
2340 Mödling
Österreich
Tel: + 43 2236 30 42 80
Fax: + 43 2236 30 40 71
E-Mail: office@christlichefamilie.at

---

[130] http://www.totus-tuus.de/site/kontakte-2/ (abgerufen am 4. Mai 2019).
[131] https://christlichefamilie.at/kontakt/ (abgerufen am 4. Mai 2019).

RELEVANTE YOU TUBE VIDEOS

1. **Experience Medjugorje and Our Lady's Messages**
Veröffentlicht von: Janet Moore

Veröffentlicht am: 9. März 2018 [132]

2. **Fr. Slavko - why Our Lady says constantly, "pray, pray, pray!"**
Veröffentlicht von: MarytvMedjugorje
veröffentlicht am: 19.März 2011 [133]

3. **Mary TV Medjugorje** [134]

4. **Sister Emmanuel Maillard** [135]

5. **Fr. Donald Calloway-"Medjugorje: A Call to Priesthood"** 2004
Veröffentlicht von: ebaytimr [136]
Veröffentlicht am: 21. September 2017

6. **Medjugorje i.e.** [137]

7. **Father Peter Rookey Healing Service Medjugorje May 12 1991**
Veröffentlicht von: ebaytimr [138]
Veröffentlicht am: 1. Februar 2015

8. **Statue of Risen Christ in Medjugorje weeping**
Veröffentlicht von: israelsheli

---

[132] https://www.youtube.com/watch?v=QUwVvuPr87Q (abgerufen am 4. Mai 2019).

[133] https://www.youtube.com/watch?v=5IfP_QcSEcg (abgerufen am 21. April 2019).

[134] https://www.youtube.com/results?search_query=mary+tv+medjugorje+live (abgerufen am: 21.April 2019).

[135] https://www.youtube.com/channel/UCveRmNCjId_yX6zkqz9VEbQ (abgerufen am: 21. April 2019).

[136] https://www.youtube.com/watch?v=GKg3BOfEB6g (abgerufen am 21. April 2019).

[137] https://www.youtube.com/results?search_query=Medjugorje+i.e. (abgerufen am 21. April 2019).

[138] https://www.youtube.com/watch?v=8M0YIfUDEDs (abgerufen am 21.April 2019).

Veröffentlicht am: 29. Oktober 2014.[139]

9. **The statue of the "Risen Christ" in Medjugorje - Miraculous water - Healings**
Veröffentlicht von: CroixAcier.fr
Veröffentlicht am: 15. Juni 2017 [140]

10. **Medjugorje - Amazing healing testimony!**
Fr. Peter Glas, Episode 68, Fruit of Medjugorje
Veröffentlicht von: Mary TV Medjugorje
Veröffentlicht am: 22. Mai 2013 [141]

11. **The Medjugorje Visionaries - the scientific tests**
Veröffentlicht von: davidtlig
Veröffentlicht am: 8. Februar 2016 [142]

12. **Our Lady´s Message of Fasting - Father Slavko Barbarić** Medjugorje June 1990
Veröffentlicht von: catholicfocus
Veröffentlicht am: 30. März 2013 [143]

13. **Objections to Medjugorje**
Veröffentlicht von: Our Lady at Medjugorje
Veröffentlicht am: 25. September 2018 [144]

14. **The Miracle of Medjugorje in english (sic!)**
Veröffentlicht von: estohacelperu (Film of „D & J PRODUCTION", © 2005 Copyright, The Miracle of Medjugorje, English version.
Veröffentlicht am: 8. September 2018 [145]

---

[139] https://www.youtube.com/watch?v=fLOgYxLYz9A (abgerufen am 21. April 2019).

[140] https://www.youtube.com/watch?v=4_bfNCJTF3Q (abgerufen am 21. April 2019).

[141] https://www.youtube.com/watch?v=Nps5VCb14jg (abgerufen am 21. April 2019).

[142] https://www.youtube.com/watch?v=X4YDn7ccl3g (abgerufen am 21. April 2019).

[143] https://www.youtube.com/watch?v=CfrrPvnG9ho (abgerufen am 30. März 2019).

[144] https://www.youtube.com/watch?v=u3Jo-67tsw4 (abgerufen am 30. März 2019).

[144] https://www.youtube.com/results?search_query=Medjugorje+film (abgerufen am 8. Juli 2019).

15. **Some Messages Seem Contrary to the Catholic Faith**
Veröffentlicht von: Tekton Ministries
Veröffentlicht am: 20. September 2019 [146]

Hinweis: **Alle You Tube Angaben sind ohne Gewähr. Sollten sich die Inhalte geändert haben, kann ich dafür leider keine Haftung übernehmen.**

THEMENBEZOGENE DVDs

1. **Mary's Land: Und wenn es doch kein Märchen ist?**

Juan Manuel Cotelo (Regisseur), 2017

2. **The Triumph, 2013**

3. **Apparition Hill, 2017**
Stella Mar Films

BÜCHER ZU MEDJUGORJE

1. **Bücher zu den Botschaften:**

a) *The Messages of Medjugorje,*
The Complete Text, 1981-2014
Medjugorje - Apologia.com
ISBN 978-1-304-86163-4

---

[146] https://www.youtube.com/watch?v=TArwTPSJ6j0 (abgerufen am 4. November 2019).

b)   *Maria spricht in Medjugorje:* Sämtliche
Botschaften der Gottesmutter
Reimo Verlag (1. Dezember 2002)
ISBN-10: 9783980581073

c)   *Die Botschaften der Königin des Friedens*
Informativni centar „MIR" Medjugorje 2018
ISBN 978-9958-36-161-6

2.   **My Heart Will Triumph**
15. August 2016
von Mirjana Soldo (Autor), Sean Bloomfield
(Mitwirkender), Miljenko Musa (Mitwirkender)
Verlag: Catholic Shop
ISBN-10: 0997890606

3.   **Ich schaute die Gottesmutter: Gespräche
mit der Seherin Vicka in Medjugorje**
Von Janko Bubalo
ISBN-10: 3874491757

4.   **Zum Fasten:**

a)   **Heilung und Befreiung durch Fasten**
von Schwester Emmanuel,
3. Aufl., Parvis - Verlag, 1648 Hauteville/Schweiz,
Januar 2013
ISBN 978-3-907525-64-7

b)   **FASTEN**
von Pater Dr. Slavko Barbarić OFM
Medjugorje - Buchreihe Band 1
1991
Missionsdruckerei St. Gabriel
2340 Mödling - Österreich

c)   **FASTING**
by Father Slavko Barbarić
Informativni centar „MIR" Medjugorje 2018
(originally published in 1988 by Franciscan
University Press, Steubenville, OH, USA),
ISBN: 978-9958-36-002-2

5.   **The Ten Secrets of the Blessed Virgin Mary**
Von Dan Lynch

6.   **Medjugorje Kurzbericht**
von Angela Mahmoodzada u. Beatrix Zureich,
1. Aufl., Miriam Verlag, 79798 Jestetten, 2010
Deutschland
ISBN: 978-3-87449-367-3

7.   **Medjugorje - ein gesegnetes Land**
Armand Girard - Guy Girard - Janko Bubalo, 1990,
Miriam Verlag, 79798 Jestetten, Deutschland
ISBN: 3-87449-191-9

8.   **Der Kreuzweg**
von Pater Slavko Barbarić
Informativni centar „MIR" Medjugorje 2017
ISBN: 978-9958-36-176-0

9.   **Gibt mir Dein verwundetes Herz, die Beichte:
warum und wie?**
von Pater Slavko Barbarić
Informativni centar „MIR" Medjugorje 2017
ISBN: 978-9958-36-155-5

10.   **Medjugorje Aposteln der Gospa Mirjana bezeugt**
Von Mario Vasilj, Čitluk – Medjugorje 2015,
Ogranak Matice hrvatske u Čitluku
ISBN: 978-9958-831-607

11.   **Medjugorje Zeitschrift, Gebetsaktion Maria –
       Königin des Friedens**
       Von Gebetsaktion Medjugorje,
       Postfach 18, 1153 Wien, Österreich
       Tel: + 43 1 8939007 (Mo – Fr 9.00 – 12.00 Uhr)

MUSIK ZU MEDJUGORJE

1.   **Anbetungsmusik der Gruppe „Figli del Divino
       Amore"**

       E-Mail: dim.cielo@yahoo.com
       www.figlideldivinoamore.org

GEBETE

1.   **Das Ave Maria** [147]

„Gegrüßest seist Du Maria, voll der Gnade. Der Herr ist mit
Dir. Du bist gebenedeit unter den Frauen und gebenedeit ist
die Frucht Deines Leibes Jesu. Heilige Maria, Mutter
Gottes, bitte für uns Sünder jetzt und in der Stunde unseres
Todes Amen."

2.   **Das Vater unser** [148]

„Vater unser im Himmel, geheiligt werde Dein Name. Dein
Reich komme Dein Wille geschehe, wie im Himmel so auf
Erden. Unser tägliches Brot gib uns heute. Und vergib uns
unsere Schuld, wie auch wir vergeben unsern Schuldigern

---

[147] Medjugorje, Geschichte, Gebete, Botschaften, Stadtplan, S. 36.
[148] Medjugorje, Geschichte, Gebete, Botschaften, Stadtplan, S. 36.

Und führe uns nicht in Versuchung, sondern erlöse uns von dem Bösen. Denn Dein ist das Reich und die Kraft und die Herrlichkeit in Ewigkeit Amen."

3.   Ehre sei dem Vater [149]
(Der Lobpreis des Dreieinigen Gottes)

„Ehre sei dem Vater und dem Sohn und dem Heiligen Geist. Wie im Anfang, so auch jetzt und allezeit und in Ewigkeit. Amen."

4.   Das apostolische Glaubensbekenntnis [150]

"Ich glaube an Gott, / den Vater, den Allmächtigen, / den Schöpfer des Himmels und der Erde, / und an Jesus Christus, / seinen eingeborenen Sohn, unsern Herrn, / empfangen durch den Heiligen Geist, / geboren von der Jungfrau Maria, / gelitten unter Pontius Pilatus, / gekreuzigt, gestorben und begraben, / hinabgestiegen in das Reich des Todes, / am dritten Tage auferstanden von den Toten, / aufgefahren in den Himmel; / er sitzt zur Rechten Gottes, des allmächtigen Vaters; / von dort wird er kommen, zu richten die Lebenden und die Toten. / Ich glaube an den Heiligen Geist, / die heilige katholische Kirche, / Gemeinschaft der Heiligen, / Vergebung der Sünden, / Auferstehung der Toten / und das ewige Leben. / Amen."

---

[149] (Erz-)Bischöfen Deutschlands und Österreichs und dem Bischof von Bozen-Brixen, *Gotteslob Katholisches Gebet- und Gesangbuch Ausgabe für die Diözese Würzburg*, Katholische Bibelanstalt GmbH, Stuttgart und Echter Verlag und Druckerei C.H. Beck, Nördlingen 2013, Deutschland, S. 35.

[150] (Erz-)Bischöfen Deutschlands und Österreichs und dem Bischof von Bozen-Brixen, *Gotteslob Katholisches Gebet- und Gesangbuch Ausgabe für die Diözese Würzburg*, Katholische Bibelanstalt GmbH, Stuttgart und Echter Verlag und Druckerei C.H. Beck, Nördlingen 2013, Deutschland, S. 36.

5.   Der Rosenkranz

Bevor ich auf das Gebet als solches eingehe, möchte ich kurz auf den Ursprung des Rosenkranzes hinweisen.

Das Gebet des Rosenkranzes soll dem hl. Dominikus (Toulouse, Frankreich), im Jahre 1214 von der Mutter Gottes, in einer Vision, als „Waffe", zur Bekehrung der Sünder und der Albigenser aufgetragen worden sein (mit Erfolg!!!) [151]

Das Gotteslob erklärt die Bedeutung und das Gebet des Rosenkranzes wie folgt: „Mittel und Ziel des Rosenkranzgebets ist Jesus Christus, Gottes Sohn. Mit Maria schauen wir auf sein Leben. Sie hat Jesus gekannt, wie kein anderer Mensch; sie hat ihn begleitet auf allen wichtigen Stationen seines Lebens – bis unter das Kreuz. An ihr wurde die Macht der Auferstehung sichtbar: Sie wurde aufgenommen in die Herrlichkeit Gottes – Zeichen der Hoffnung für die Kirche und für alle Menschen.

In den Gesätzen des Rosenkranzes – Sätze, die das `Gegrüßest seist du, Maria´ erweitern – betrachten wir die Geheimnisse des Glaubens. Die Wiederholung derselben Sätze schenkt innere Ruhe. Die Perlen des Rosenkranzes sind eine Hilfe zum Beten:" [152]

Der Rosenkranz besteht aus einem Kreuz und 59 Perlen.

Das Rosenkranzgebet beginnt mit dem Kreuzzeichen: Im Namen des Vaters und des Sohnes und des Heiligen Geistes. Amen.

---

[151] theholyrosary.org: „*THE HOLY ROSARY*" in: theholyrosary.org 2019 unter: http://www.theholyrosary.org/rosaryhistory (abgerufen am 20. März 2019).
[152] (Erz-)Bischöfen Deutschlands und Österreichs und dem Bischof von Bozen-Brixen, *Gotteslob Katholisches Gebet- und Gesangbuch Ausgabe für die Diözese Würzburg*, Katholische Bibelanstalt GmbH, Stuttgart und Echter Verlag und Druckerei C.H. Beck, Nördlingen 2013, Deutschland, S. 38.

„Beim Kreuz" betet man das Glaubensbekenntnis und das „Ehre sei dem Vater".

Bei der 1. Perle nach dem Kreuz, wird das „Vater unser" gebetet.

Bei den Perlen 2 - 4 nach dem Kreuz, werden drei „Gegrüßest seist du, Maria" mit den folgenden Einfügungen gebetet:

1)   und gebenedeit ist die Frucht deines Leibes, Jesus, der in uns den Glauben vermehre.

2)   und gebenedeit ist die Frucht deines Leibes, Jesus, der in uns die Hoffnung stärke.

3)   und gebenedeit ist die Frucht deines Leibes, Jesus, der in uns die Liebe entzünde.

Beider der 4. Perle nach dem Kreuz, wird nochmal das „Vater unser" gebetet.[153]

Nun „folgen jeweils zehn `Gegrüßest seist du, Maria´ mit der Einfügung eines Geheimnisses (… und gebenedeit ist die Frucht deines Leibes, Jesus, den du, o Jungfrau, vom Heiligen Geist empfangen hast). Abgeschlossen wird jedes Gesätz mit dem „Ehre sei dem Vater…"

Die Betrachtung des nächsten Geheimnisses wird erneut mit einem „Vater unser" eröffnet.

---

[153] (Erz-)Bischöfen Deutschlands und Österreichs und dem Bischof von Bozen-Brixen, *Gotteslob Katholisches Gebet- und Gesangbuch Ausgabe für die Diözese Würzburg*, Katholische Bibelanstalt GmbH, Stuttgart und Echter Verlag und Druckerei C.H. Beck, Nördlingen 2013, SS. 38 - 39.

Die freudenreichen Geheimnisse (Mo, Sa und So im Advent und an Weihnachten) [154]

1. den du, o Jungfrau, vom Heiligen Geist empfangen hast

2. den du, o Jungfrau, zu Elisabeth getragen hast

3. den du, o Jungfrau, zu Betlehem geboren hast

4. den du, o Jungfrau, im Tempel aufgeopfert hast

5. den du, o Jungfrau, im Tempel wiedergefunden hast

Die lichtreichen Geheimnisse (Do)

1. der von Johannes getauft worden ist

2. der sich bei der Hochzeit in Kana offenbart hat

3. der uns das Reich Gottes verkündet hat

4. der auf dem Berg verklärt worden ist

5. der uns die Eucharistie geschenkt hat

Die schmerzhaften Geheimnisse (Di, Fr und So in der Fastenzeit)

1. der für uns Blut geschwitzt hat

2. der für uns gegeißelt worden ist

3. der für uns mit Dornen gekrönt worden ist

---

[154] Die Gebetstage, gehen auf eine Empfehlung von Johannes Paul II zurück. Quelle: Rosary Center. „*HOW TO PRAY THE ROSARY*" in: Rosary Center 2020 under: https://www.rosarycenter.org/homepage-2/rosary/how-to-pray-the-rosary/ (abgerufen am 23. März 2020).

4. der für uns das schwere Kreuz getragen hat

5. der für uns gekreuzigt worden ist

Die glorreichen Geheimnisse (Mi und So im allgemeinen)

1. der von den Toten auferstanden ist

2. der in den Himmel aufgefahren ist

3. der uns den Heiligen Geist gesandt hat

4. der dich, o Jungfrau, in den Himmel aufgenommen hat

5. der dich, o Jungfrau, im Himmel gekrönt hat

Die trostreichen Geheimnisse

1. der als König herrscht

2. der in seiner Kirche herrscht und wirkt

3. der wiederkommen wird in Herrlichkeit

4. der richten wird die Lebenden und die Toten

5. der alles vollenden wird" [155]

---

[155] (Erz-)Bischöfen Deutschlands und Österreichs und dem Bischof von Bozen-Brixen, *Gotteslob Katholisches Gebet- und Gesangbuch Ausgabe für die Diözese Würzburg*, Katholische Bibelanstalt GmbH, Stuttgart und Echter Verlag und Druckerei C.H. Beck, Nördlingen 2013, Deutschland SS. 39 - 40.

6.   Oh mein Jesus (Fatima - Gebet) [156]

„Oh mein Jesus verzeih uns unsere Sünden!
Bewahre uns vor dem Feuer der Hölle!
Führe alle Seelen in den Himmel, besonders jene, die
Deiner Barmherzigkeit am meisten bedürfen. Amen." [157]

7.   Fatima - Gebet übermittelt vom Engel des Friedens

"Oh mein Gott, ich glaube an Dich, ich bete Dich an, ich
hoffe auf Dich, ich liebe Dich.
Ich bitte Dich um Verzeihung für diejenigen, die nicht
glauben, nicht anbeten, nicht hoffen und Dich nicht
lieben!"[158] (3x)

8.   Das Medjugorje Chaplet [159]

In Medjugorje wird eine kürzere Gebetskette als
Rosenkranz verkauft. Dieser Rosenkranz dient der
Verehrung der Wunden von Jesus Christus. Eingeschlossen
sind dabei die Wunden an seiner Schulter und jene, die
durch die Dornenkrone verursacht wurden.
Diese Gebetsschnur hat ihren Ursprung in einer alten
bosnischen und herzegowinischen Tradition. Es werden 7
Vater Unser, 7 Ave Maria und 7 Ehre Sei dem Vater
gebetet.

---

[156] Medjugorje, Geschichte, Gebete, Botschaften, Stadtplan, S. 38.
[157] Das Gebet geht auf die 3. Erscheinung in Fatima 1917 zurück. Es ist ein
Bußgebet und ein Gebet für Verstorbene. Es wurde nicht päpstlich approbiert.
Wikipedia.org, „Fatima-Gebet" unter: https://de.wikipedia.org/wiki/Fatima-
Gebet (abgerufen am 26. März 2019).
[158] Severo Rossi, *Fátima Ort der Haoffnung und des Friedens*, 5. Aufl.,
CONSOLATA EDITORA PORTUGAL, 10. Juni 1997, S. 10.
[159] Stephen Ryan: *„Medjugorje: The Strange Rosary of 7 Beads that Our Lady
Says Helps Free Souls from Purgatory"*, in MYSTIC POST 19. Oktober 2018,
unter: https://mysticpost.com/2018/10/the-strange-rosary-of-7-beads-that-our-
lady-says-helps-free-souls-from-purgatory/ (abgerufen am 26. März 2019).

In der Botschaft vom 3. Juli 1981 bat die Gottesmutter die
Seher beim Gebet des Chaplets, das Glaubensbekenntnis
vorweg zu beten. Gemäß der Botschaft vom 20. Juli 1982
fügte die Gospa noch hinzu, daß dieses Gebet besonders den
armen Seelen im Fegefeuer dienlich sei.
Auch ist es auf Empfehlung der Gottesmutter in Medjugorje
üblich geworden, diesen „Rosenkranz" am Ende der hl.
Messe als Danksagung zu beten.

9.   Der Rosenkranz zur Barmherzigkeit [160] Gottes (gebetet am einfachen Rosenkranz)

„Am Anfang:

Vater unser, Gegrüßest seist Du Maria, Glaubensbekenntnis

Auf den großen Perlen (einmal):

Ewiger Vater, ich opfere Dir auf den Leib und das Blut, die
Seele und die Gottheit Deines über alles geliebten Sohnes,
unseres Herrn Jesus Christus, zur Sühne für unsere Sünden
und für die Sünden der ganzen Welt.

Auf den kleinen Perlen (zehnmal):

Durch sein schmerzhaftes Leiden habe Erbarmen mit uns
und mit der ganzen Welt.

---

[160] Fr. Seraphim Michalenko, MIC mit Vinny Flynn und Robert A. Stackpole,
The Divine Mercy Message and Devotion, Revised Edition, MARIAN PRESS,
Stockbridge MA 01263, U.S.A., 2008, SS. 65 - 67. (Übersetzung ins Deutsche:
die Autorin).

Am Ende (dreimal):

Heiliger Gott, heiliger starker Gott, heiliger unsterblicher Gott, habe Erbarmen mit uns und mit der ganzen Welt. Amen.

Optionales Schlußgebet (dreimal):

Ewiger Gott, in dem die Barmherzigkeit endlos und der Schatz des Mitgefühls unerschöpflich ist, schaue freundlich auf uns und steigere Deine Barmherzigkeit in uns, damit wir in schwierigen Momenten nicht verzweifeln oder verzagen, sondern uns mit großem Vertrauen deinem heiligen Willen unterwerfen, der die Liebe und die Barmherzigkeit selbst ist.“

10. Weihegebet an die Heiligste Dreifaltigkeit durch Maria [161] [162]

„Maria, Du hast uns eingeladen, daß wir uns Deinem Unbeleckten Herzen weihen. Ich weiß, Du willst uns zu Gott führen, denn Du liebst uns unendlich und möchtest, daß wir glücklich sind.

Heute will ich auf Deine Einladung antworten.
So wie Jesus am Kreuz Dich mir geschenkt hat, will auch ich mich Dir schenken.
In Deine Hände erneuere ich mein Taufversprechen und weihe mich Deinem Unbefleckten Herzen, um ganz der Heiligsten Dreifaltigkeit zu gehören. Ich gebe Dir mein Herz, meine Seele, meinen Geist und meinen Leib, meine

---

[161] Gemeinschaft der Seligpreisungen, Haus Regina Pacis – Post Box 16, 8826 Medjugorje – Bijakovići, Faltblatt.
[162] Auf die Einfügung von Satzzeichen wird nicht gesondert hingewiesen.

Talente und Gaben, meine Vergangenheit, Gegenwart und Zukunft.

Nimm mich in Deine Arme und hilf mir, Jesus so zu lieben wie Du ihn liebst! Von Dir will ich lernen, auf das Wort des Vaters zu hören und seinen Willen zu tun. "

Wie Du, Maria, will ich den Heiligen Geist in meinem Herzen empfangen.

Mit Dir, Maria, will ich lernen, alle Menschen zu lieben, denn sie gehören alle Jesus. Ich weihe mich Dir, damit mein Gebet ein Gebet mit dem Herzen sei, durch das ich den Frieden, die Freude und die Liebe finde und die Kraft, mich mit meinen Mitmenschen zu versöhnen.

Ich weihe Dir auch meine Familie, meine Freunde und alle Menschen, besonders diejenigen, die am meisten die Hilfe und Barmherzigkeit Gottes brauchen.

So wie Jesus möchte ich jeden Tag an Deiner Seite leben. Von jetzt an soll alles in mir den Herrn preisen! Mein Herz möge sich freuen in Gott meinem Retter! "

GEBETSPROGRAMM [163]

Am Morgen: Hl. Messe in verschiedenen Sprachen
Am Nachmittag: Stille Anbetung in der Anbetungskapelle

	1. Sept. – 31. Mai	1. Juni – 31. Aug
Abendgebetsprogramm und Beichte	**17h - 20h** **17h Freudenreicher und Schmerzhafter Rosenkranz** **18h hl. Messe mit Segnung von Gegenständen, Gebet für Gesundheit, Glorreiche Geheimnisse des Rosenkranzes**	**18h - 21h** **18h Freudenreicher und Schmerzhafter Rosenkranz** **19h hl. Messe mit Segnung von Gegenständen, Gebet für Gesundheit, Glorreiche Geheimnisse des Rosenkranzes**
Eucharistische Anbetung	**Di u. Sa 21h - 22h** **Do 19h - 20h**	**Di u. Sa 22h - 23h** **Do 20h - 21h**
Verehrung des Kreuzes	**Fr 19h - 20h**	**Fr 20h - 21h**
Kreuzweg am Kreuzberg	**Fr 14h**	**Fr 16h**
Rosenkranz am Erscheinungsberg	**So 14h**	**So 16h**

---

[163] Gebetsprogramm entspricht der Infobroschüre des Informationszentrums „MIR" Medjugorje.

Hl. Messe in Englisch: Wochentags 10h, sonntags 12h
(die Messen finden abwechselnd in der St. Jakobskirche und
in dem Saal des Seligen Johannes Paul II statt)

AUSFLUGSZIELE

1.   Šurmanci - Barmherziger Jesus

Der Ort Šurmanci ist ca. 7,5 km von Medjugorje entfernt.
Hinter der Ikone des Barmherzigen Jesu in der Kirche von
Šurmanci verbirgt sich folgende Heilungsgeschichte: Der
Italiener Ugo Festa wurde 1951 in Vicenza, Italien geboren.
In jungen Jahren wurde bei ihm die Krankheit Multiple
Sklerose festgestellt. Im Alter von 39 litt er nicht nur unter
Multipler Sklerose, sondern auch unter Epilepsie,
Muskelschwäche und seine Wirbelsäule war verformt. Nach
einer widerwilligen Pilgerreise nach Lourdes wandte er sich
aber dem Glauben wieder zu. 1990 pilgerte Herr Festa,
mittlerweile auf den Rollstuhl angewiesen, nach Rom. Dort
begegnete er der hl. Mutter Teresa und Papst Johannes Paul
II. Beide rieten ihm, sich auf den Barmherzigen Jesus zu
verlassen und eine Pilgerreise zur Kirche des Barmherzigen
Jesu in Trent, Italien anzutreten.
Herr Festa folgte dem Rat. In Trent, in einem Seitenaltar der
Villa O´Santissima, Villazzano, betete Herr Festa dann 3
Tage lang vor der lebensgroßen Ikone des Barmherzigen
Jesu. Am vierten Tag wurde er dann von Jesus, der für ihn
aus dem Bild hervortrag mit den Worten: „Erhebe Dich und
gehe!" geheilt. Im selben Jahr noch berichtete er Papst
Johannes Paul II von seiner Heilung. Den Rest seines
Lebens verbrachte Ugo Festa damit, als freiwilliger
Krankenpfleger den Armen, Kranken und Obdachlosen in
Italien, Indien und Afrika zu helfen. Er tat dies zur

Unterstützung der Mutter Teresa - Schwestern. [164] [165] Gleichzeitig verbreitete er die Verehrung des Barmherzigen Jesu. 2005 war Herr Festa an Krebs erkrankt. Allerdings starb er nicht am Krebs, sondern durch zwei Schußwunden, die ihm bei seiner gefährlichen Missionstätigkeit durch zwei Fremde zugefügt wurden.[166]

Auf Anfrage des Bischofs von Split, Mons. Franic, wurde die Ikone dann in einer Bittprozession von einer Trenter Gebetsgruppe nach Medjugorje gebracht. In Medjugorje war die Ikone zunächst in der Anbetungskapelle untergebracht[167] Die Ikone befindet sich jetzt in der Kirche von Šurmanci. Die Kirche wurde 2002 erbaut.[168]

Die Heilung von Herrn Festa wurde bei der Heiligsprechung von Schwester Faustina vermerkt und bestätigt. Die Kirche in Šurmanci beherbergt auch Reliquien von Schwester Faustina[169] und von Papst Johannes Paul II.[170]

---

[164] Medjugorje Council of Ireland, *The miraculous healing of Ugo Festa in front of a Divine Mercy Icon. Icon now in Šurmanci, Medjugorje.*in, 2016 - 2019, unter: https://medjugorjecouncil.ie/miraculous-healing-ugo-festa-front-divine-mercy-icon-icon-now-surmanci-medjugorje/ (abgerufen am 17. Mai 2019).

[165] www.medjugorjeassisi.it, *MARIA KÖNIGIN DES FRIEDENS; ŠURMANCI*; unter: http://www.medjugorjeassisi.it/surmanci-en.htm (abgerufen am 27.Mai 2019).

[166] Medjugorje Council of Ireland, *The miraculous healing of Ugo Festa in front of a Divine Mercy Icon. Icon now in Šurmanci, Medjugorje*, 2016 – 2019, unter: https://medjugorjecouncil.ie/miraculous-healing-ugo-festa-front-divine-mercy-icon-icon-now-surmanci-medjugorje/ (abgerufen am 17. Mai 2019).

[167] www.medjugorjeassisi.it, *MARIA KÖNIGIN DES FRIEDENS; ŠURMANCI*; unter: http://www.medjugorjeassisi.it/surmanci-en.htm (abgerufen am 27.Mai 2019).

[168] Udruga Međugorje - MIR, Split, HR „*Medjugorje place of prayer and reconciliation, Divine Mercy Sunday in Surmanci*" in medjugorje.hr 1995 - 2019, unter: http://www.medjugorje.hr/de/phanomen- http://www.botschaften-mariens.de/cms/pater-jozo-zovko/medjugorje/erscheinungen/ (abgerufen am 17. Mai 2019).

[169] www.medjugorjeassisi.it, *MARIA KÖNIGIN DES FRIEDENS; ŠURMANCI*; unter: http://www.medjugorjeassisi.it/surmanci-en.htm (abgerufen am 27. Mai 2019).

[170] Gloria.tv, 22.April 2017 unter: https://gloria.tv/reply/b8W87SZEg2Fs6pCjyYf2ER7xB (abgerufen am 17. Mai 2019).

Šurmanci
Kirche

Barm-
herziger
Jesus

Bild in
der
Šurmanci
-Kirche
von Ljubo
Jovanović

2.   Die Gottesmutter von Tihaljina

Der Ort Tihaljina ist ca. 32 km von Medjugorje entfernt. In
den 50er Jahren ließen die Dorfbewohner von Tihaljina sich
eine günstige Marienstatue für ihre Pfarrei in Italien
anfertigen.

Auf Grund der starken Ausstrahlung der Statue, pilgerten
viele Menschen zur Gottesmutter von Tihaljina. (verehrt als
„Mutter der Barmherzigkeit")[171].

Heutzutage sieht man viele Abbildungen dieser Statue in
Medjugorje. Es gibt dafür 2 Gründe.

Zum einen gaben die Seher von Medjugorje an, die Statue
ähnele der Gospa von Medjugorje und zum anderen wurde
Pater Jozo nach seiner Entlassung aus dem Gefängnis nach
Tihaljina strafversetzt.[172]

Einige Pilger behaupten zudem, daß wenn sie vor der Statue
beten, würde sich der Gesichtsausdruck, sowie die
Armhaltung der Muttergottes verändern.[173]

Um nach Tihaljina zu gelangen, fährt man von Medjugorje
zunächst auf der R424 (M6) nach Ljubuški. Von Ljubuški
geht es dann weiter in Richtung Imotski. Dort biegt man
dann auf die R42 ein.

---

[171]*„Pater Jozo Zovko" in www.botschaften-mariens.de,* 10. Dezember 2014,
unter: http://www.botschaften-mariens.de/cms/pater-jozo-zovko/ (abgerufen am
26. März 2019).
[172]*„Pater Jozo Zovko" in www.botschaften-mariens.de,* 10. Dezember 2014,
unter: http://www.botschaften-mariens.de/cms/pater-jozo-zovko/(abgerufen am
26. März 2019).
[173] Medjugorje Hotel & Spa: „Surroundings of Medjugorje
Natural Wonders And Cultural Attractions" in: Medjugorje
Hotel & Spa 2017, unter:
https://www.medjugorjehotelspa.com/en/medjugorje-what-to-see-in-the-
surroundings/ (abgerufen am 28. März 2019).

Alternativ kann man in das Navigationsgerät folgende Adresse eingeben:

Crkva Bezgrešnog začeća Blažene Djevice Marije, 88348, Bosnien und Herzegowina (Tel: + 387 39 673-004)

3. Koćuša Wasserfälle

Auf dem Weg nach Tihaljina, liegen linker Hand zwischen Vitina und Klobuk die Koćuša - Wasserfälle.
Direkt bei den Wasserfällen befindet sich auch das
Restaurant Vodopad Koćuša.
Veljaci bb, Ljubuški 88320, Bosnien u. Herzegowina
Tel: +387 63 789 789 [174]

---

[174] https://www.google.com/search?client=firefox-b-d&q=vodopad+kocusa
(abgerufen am 8. Mai 2019).

4.   Humac - Museum und St. Anton - Kloster

Für Kulturinteressierte eignet sich das in Humac liegende Kloster des hl. Anton zu Padua. Das Kloster liegt außerhalb von Ljubuški in Richtung Teskera und ist ca. 13,5 km von Medjugorje entfernt ist.

Es ist das älteste Kloster in ganz Bosnien und Herzegowina und beherbergt das `Mutter´ Museum. Im Museum kann man das älteste auf Kroatisch verfaßte Schriftstück, nämlich die Humac Tafel aus dem Jahre 1185 bewundern.[175]

Zum Museum kommt man über einen in den Boden versenkten Seiteneingang.

---

[175] Medjugorje Hotel & Spa: „Surroundings of Medjugorje *Natural Wonders And Cultural Attractions*" in: Medjugorje Hotel & Spa 2017, unter: https://www.medjugorjehotelspa.com/en/medjugorje-what-to-see-in-the-surroundings/ (abgerufen am 28. März 2019).

5.   Mostar

Mostar ist ca. 26 km von Medjugorje entfernt. Die Stadt liegt am Ufer des Neretva Flusses. Mostar ist bekannt für die aus dem 16 Jhd. stammende Stari Most Brücke. Leider wurde das Original durch den Bosnienkrieg in den 90er Jahren zerstört. Heute ist die Brücke wiederaufgebaut und teilt Mostar in einen muslimischen und kroatischen Teil. Der muslimische Teil zeugt noch stark vom osmanischen Reich und zählt mit seinen Moscheen zu den UNESCO Weltkulturstätten.[176] Bekannt ist Mostar auch für seinen Sprungwettbewerb von der Stari Most Brücke. Dieser findet jeden Juli statt.[177]

Abgesehen vom Weltkulturerbe, gibt es in Mostar auch die Mepas Shopping Mall, für den Fall, daß doch mal was auf der Reise fehlen sollte.

---

[176] Medjugorje Hotel & Spa: „Surroundings of Medjugorje *Natural Wonders And Cultural Attractions*" in: Medjugorje Hotel & Spa 2017, unter: https://www.medjugorjehotelspa.com/en/medjugorje-what-to-see-in-the-surroundings/ (abgerufen am 28. März 2019).
[177] Amel Salihbasić, „*Komm, entdecke, erzähle weiter BOSNIEN UND HERZEGOWINA 30 unvergessliche Tage*", 3. Aufl., Amel Salihbasić (Eigenverlag), Wien, Austria 2017, Seite 9.

6. Blagaj Tekke, (ein Dervisch Kloster)

Die Tekke ist ca. 28 km von Medjugorje entfernt. Sie liegt in der Nähe des Flughafen Mostar. Dort gibt es einen Wasserfall, der sich aus 200 Meter Höhe in den Fluß Buna hinabstürzt. Oberhalb des Wasserfalls befindet sich die Ruine des Örtchens Herceg Stjepan. Unterhalb des Wasserfalls liegt das von 1660 stammende Dervisch Kloster Tekija [178]

---

[178] Medjugorje Hotel & Spa: „Surroundings of Medjugorje *Natural Wonders And Cultural Attractions"* in: Medjugorje Hotel & Spa 2017, unter: https://www.medjugorjehotelspa.com/en/medjugorje-what-to-see-in-the-surroundings/ (abgerufen am 28. März 2019).

Blagaj
Tekke

Verhal-
tens-
regeln für
die Tekke

7.   Die Kravice Wasserfälle

Ca. 20 km von Medjugorje entfernt, liegen die einzigartigen
Kravice Wasserfälle. Wenn es warm ist, kann man dort auch
etwas baden.

8. Pocitelj

Ein weiteres UNESCO Weltkulturerbe stellt das Städtchen
Pocitelj dar. Die Stadt ist ca. 18 km von Medjugorje
entfernt.[179]

Pocitelj wurde 1383 vom bosnischen König Tvrtko
gegründet. Der Stil der Stadt war zunächst mediterran,
wurde jedoch mit dem Einfall der Türken orientalisiert.
Die Stadt ist bekannt für ihr Kunsthandwerk.

---

[179] Medjugorje Hotel & Spa: „Surroundings of Medjugorje
Natural Wonders And Cultural Attractions" in: Medjugorje
Hotel & Spa 2017, unter:
https://www.medjugorjehotelspa.com/en/medjugorje-what-to-see-in-the-
surroundings/ (abgerufen am 28. März 2019).

9.   Das Naturreservat Hutovo Blato

Es handelt sich hierbei um ein sehr schönes Sumpfgebiet, das viele Vögel- und Pflanzenarten beheimatet. Dieser Sumpf stellt auch einen der größten Überwinterrungsstandorte für Vögel aus Europa dar.[180] Das Reservat ist ca. 30 km von Medjugorje entfernt.

Das Hutovo Blato eignet sich zum Erholen und Wandern. Dort gibt es auch ein 3 Sterne Hotel, das „Hotel Park". [181]

---

[180] Medjugorje Hotel & Spa: *„Surroundings of Medjugorje Natural Wonders And Cultural Attractions"* in: Medjugorje Hotel & Spa 2017, unter:
https://www.medjugorjehotelspa.com/en/medjugorje-what-to-see-in-the-surroundings/ (abgerufen am 28. März 2019).
[181] Kontakt:
Hotel Park, Makart Hoteli d.o.o.
Karaotok bb
Hutovo blato
88300 Čapljina
BiH
Tel.: +387 36 814 990, Mobiltel.: +387 63 999 706, E - Mail:
park@makarthoteli.com,
Quelle: Makart Hoteli d.o.o. Design and Programming: *„Morgojelo Hotel ****"* in Morgojelohotel.com 2008 unter:
http://hotelmogorjelo.com/en/about_hotel/karaotok/ (abgerufen am 28. März 2019).

Anmerkung:

Die Informationen im Hotel besagen, daß es sich um ein 3
Sterne Hotel handelt, die Webseite gibt 4 Sterne an. Auch
unterscheiden sich die Preise auf der Webseite von denen
im Hotel.[182]

182

Hutovo Blato

Karte von Hutovo Blato

Hotel Park, Hutovo Blato

10. Prähistorische Grabstele und das Dorf Paoča

Im Umland von Medjugorje kann man viele prähistorische Grabstele und Cumuli aus dem 12 Jhd. besichtigen. Die Stele stammen zumeist aus der Zeit der türkischen Besatzung. Besondere Fundorte für die Stele sind Medjugorje, Vionica und Ljubuski.[183] [184] In der Nähe von Stolac auf der Vidovo polje - Ebene, kann man sogar 133 dieser Stele aus dem 15. und 16. Jhd. besichtigen.[185] [186] Im Dorf Paoča kann man nicht nur Stele bestaunen, sondern auch den Wirkungsstätte des für die Region bedeutenden Franziskanermönchs, Pater Didak Bunti, besuchen.[187]

11. Die Vjetrenica - Grotte

In Richtung Dubrovnik, ca. 75 km von Medjugorje entfernt, liegt die Vjetrenica - Grotte, die sich über 6 km erstreckt.[188]

---

[183] Franjo Sušac (Text und Foto), Conect Mostar (und Design), *Medjugorje MONOGRAFIA PER I PELLEGRINI,* Grafotisak, Grude 2014, Seite 6.
[184] arheoportal: „Hercegovački arheološki portal" in: Portale Archaeologicum Herzegoviae 18. September 2016, unter:
https://arheohercegovina.com/2016/09/18/humski-bilizi-i-unesco/ (abgerufen am 16. September 2019).
[185] Franjo Sušac (Text und Foto), Conect Mostar (und Design), *Medjugorje MONOGRAFIA PER I PELLEGRINI,* Grafotisak, Grude 2014, Seite 70.
[186] Komisija/Povjerenstvo za očuvanje nacionalnih spomenika - Комисија за очување националних споменика: „Standing Tombstones – UNESCO" 27. April 2016, unter:
https://www.youtube.com/watch?v=mOTv9M6TxVU (abgerufen am 16. September 2019).
[187] Franjo Sušac (Text und Foto), Conect Mostar (und Design), *Medjugorje MONOGRAFIA PER I PELLEGRINI,* Grafotisak, Grude 2014, Seite 11.
[188] Medjugorje Hotel & Spa: „*Surroundings of Medjugorje Natural Wonders And Cultural Attractions*"in: Medjugorje Hotel & Spa 2017, unter:
https://www.medjugorjehotelspa.com/en/medjugorje-what-to-see-in-the-surroundings/ (abgerufen am 28. März 2019).

12.   Titos Bunker in Konij[189]

Dieser Bunker, in den 4,6 Milliarden US Dollar investiert wurden, war streng geheim. Heute ist er den Touristen zugängig. Er befindet sich unterhalb des Zlatar Berges in 280 Meter Tiefe. Der Bunker besteht aus 100 Räumen und hätte ca. 350 Personen bis zu 6 Monate Schutz bieten können. Nähere Informationen findet man auf der Webseite: http://www.visitkonjic.com (abgerufen am 1. Juli 2019).

13.   River-Rafting auf dem Neretva Fluß

Für Wasserratten bietet der Neretva Fluß eine 18 km lange River - Rafting-Strecke im Sommer an. Im Winter ist die Strecke auf 7 km verkürzt.[190] Die Raftingstrecke ist für gewöhnlich von Glavatičevo nach Džajići. Die Tour dauert in der Regel 5 Stunden.[191]
Bei Interesse, sollte man sich an den Raftingklub in Konjic wenden[192]. Nähere Informationen dazu findet man auf der Webseite: http://www.visitkonjic.com. (abgerufen am 1. Juli 2019).

---

[189] Marko Plesnšnik, *Bosnien und Herzegowina, 6. Aufl.*, Trescher Verlag, 10117 Berlin 2017, Seite 259.
[190] Medjugorje Hotel & Spa: *„Surroundings of Medjugorje Natural Wonders And Cultural Attractions"* in: Medjugorje Hotel & Spa 2017, unter: https://www.medjugorjehotelspa.com/en/medjugorje-what-to-see-in-the-surroundings/ (abgerufen am 28. März 2019).
[191] Amel Salihbasić, *„Komm, entdecke, erzähle weiter BOSNIEN UND HERZEGOWINA 30 unvergessliche Tage"*, 3. Aufl., Amel Salihbasić (Eigenverlag), Wien, Austria 2017, Seite 9.
[192] Amel Salihbasić, *„Komm, entdecke, erzähle weiter BOSNIEN UND HERZEGOWINA 30 unvergessliche Tage"*, 3. Aufl., Amel Salihbasić (Eigenverlag), Wien, Austria 2017, Seite 9.

WISSENSWERTES

1.   Pfarrbüro von St. Jakob

Gospin trg 1, 88266 Medjugorje, Bosnien u. Herzegowina
Tel: +387-36-653-300 / Fax: + 387 36-653-360
E - Mail: ured@medjugorje.hr

2.   Informationszentrum „MIR"

Das Informationszentrum befindet sich seitlich der St. Jakobskirche.

Die Öffnungszeiten sind:
Wochentags: 08.00 Uhr – 18.00 Uhr
Sonntags: 09.00 Uhr – 14.00 Uhr

Tel: +387-36-651-999/E-Mail:
seminar.marija@medjugorje.hr

3.   Die Infotheke:

Tel: + 387-36-653-316
E - Mail: informacije@medjugorje.hr

4.   Übersetzung der hl. Messe per Radio:

Die hl. Messen in St. Jakob werden synchron in verschiedene Sprachen übersetzt. Um in den Genuß einer Übersetzung zu kommen, benötigt man entweder ein kleines Radio mit Kopfhörern oder ein Smartphone. Radios können zu „Haupt"- Pilgerzeiten am Kiosk, der neben der Johannes Paul II Halle ist, entweder gekauft oder gemietet werden. Viele Souvenirläden bieten aber auch Radios zum Kauf an. Jede

Sprache hat ihre eigene Radiofrequenz. Die für die eigene Sprache benötigte
Frequenz ist auf der Infobroschüre des Informations-
zentrums angegeben.

5.   Radio „MIR" Medjugorje

Tel: +387-36-653-580 /Fax: + 387-36-653-552
E - Mail: radio-mir@medjugorje.hr

6.   Buchläden „MIR"

Es gibt zwei „MIR" Buch-/Souvenirläden. Der eine,
befindet sich direkt neben dem Informationszentrum. Der
andere, ist vom Informationszentrum etwas versetzt in
Richtung Kirche.

Anmerkung: Bei wenig Kundschaft, können die Läden
auch mal vor dem ausgeschilderten Ladenschluß schließen.

7.   Buchhandlung „Les Editions
      Sakramento"

Der vorwiegend französischsprachige Buchladen, befindet
sich unweit des Gartens des hl. Franziskus.

Webseite: https://sakramento.com/ (abgerufen am 1. Juli 2019).

8.   Deutsch - christliche Buchhandlung „Tiberias"

Im Buchladen Tiberias spricht man Deutsch. Der Buchladen hat ein vielfältiges Sortiment und betreibt auch einen online shop.

Christliche Buchhandlung TIBERIAS
Robert Teisler
P.BOX 23,
Medjugorje, 88266,
Bosnien und Herzegowina
E-Mail: tiberias.medjugorje@gmail.com
Tel.: 00387 – (0) 36655007
Fax: 00387 – (0) 36655007
http://www.tiberiasmedjugorje.com [193]

---

[193] TIBERIAS unter: http://tiberiasmedjugorje.com/index.php/de-DE/kontakt (abgerufen am 20. Mai 2019).

9.   Internationaler Buch-, Souvenirladen „Devotions"

Dieser Buch-, Souvenirladen ist gut sortiert, und man findet hier auch seltenere Bücher. Der Buchladen liegt an der Papa Ivana II Straße. Er befindet sich von der St. Jakobskirche aus kommend, auf der rechten Seite in Richtung Hauptpost.

Die dazugehörige Adresse ist die der Pension und nicht die des Buchladens:

Devotions d.o.o.
Kristine 26,
88266 Medjugorje
Bosnia undd Herzegowina
Tel./Fax: ++387 (36) 651 -497
devotions@tel.net.ba
www.medjugorje-devotions.com

10.   Medizinische Versorgung

In unmittelbarer Nähe der St. Jakobskirche gibt es eine Malteser Erste - Hilfe Station. Leider hat diese Station vom 31. Oktober bis 14. Januar GESCHLOSSEN.

Im Notfall wird man gebeten die 124

oder alternativ, die Erste Hilfe in Čitluk:
+ 387 (0) 36641040, anzurufen.

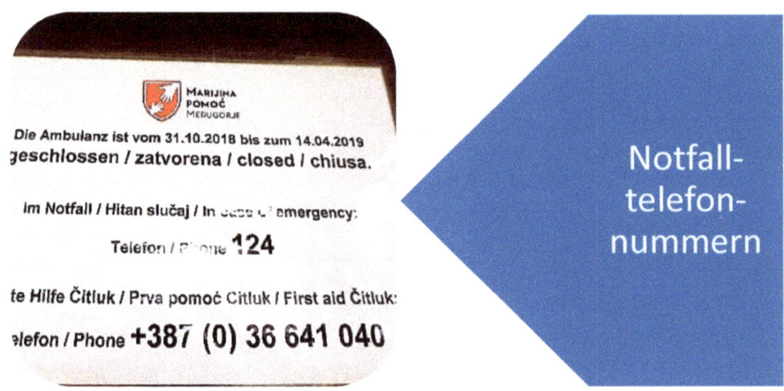

11. Apotheken (Ljekarna)

Im Zentrum von Medjugorje gibt es mehrere gut sortierte Apotheken. Zwei davon sind:

1. **Apotheke Biopharm**
   Pape Ivana II
   Međugorje 88260,

Tel.: +387 36 651-841

2. **Apotheke Lubina**
    Franjevačkih mučenika 61,
    Međugorje 88260,

    Tel.: +387 36 805-148

12.   Bushaltestelle

In der Straße Dr. Franje Tuđmana, direkt neben der
Hauptpost, befindet sich die Fernbushaltestelle.
Von dort fahren auch Busse nach Sarajevo und Zagreb.
(Tel.: +387 651 393)

13.   Taxis:

Der Taxistand befindet sich vor der St. Jakobsirche, an der
Pape Ivana Paula II. Leider sind die
Fremdsprachenkenntnisse der Taxifahrer sehr begrenzt.
Auch sind die Fahrer in Eile. In meinem Fall wurde ich
zwar sehr zuvorkommend behandelt, aber die Derwisch
Tekke kannte man persönlich nicht, und so wollte man mir
eine andere Kirche als Kloster andienen. Auch lohnt es sich,
vor Abfahrt, die Aufenthaltsdauer am Zielort festzulegen.
Wenn nicht, kann es zu Aufpreisen und Unstimmigkeiten
kommen.

Taxi Preise:

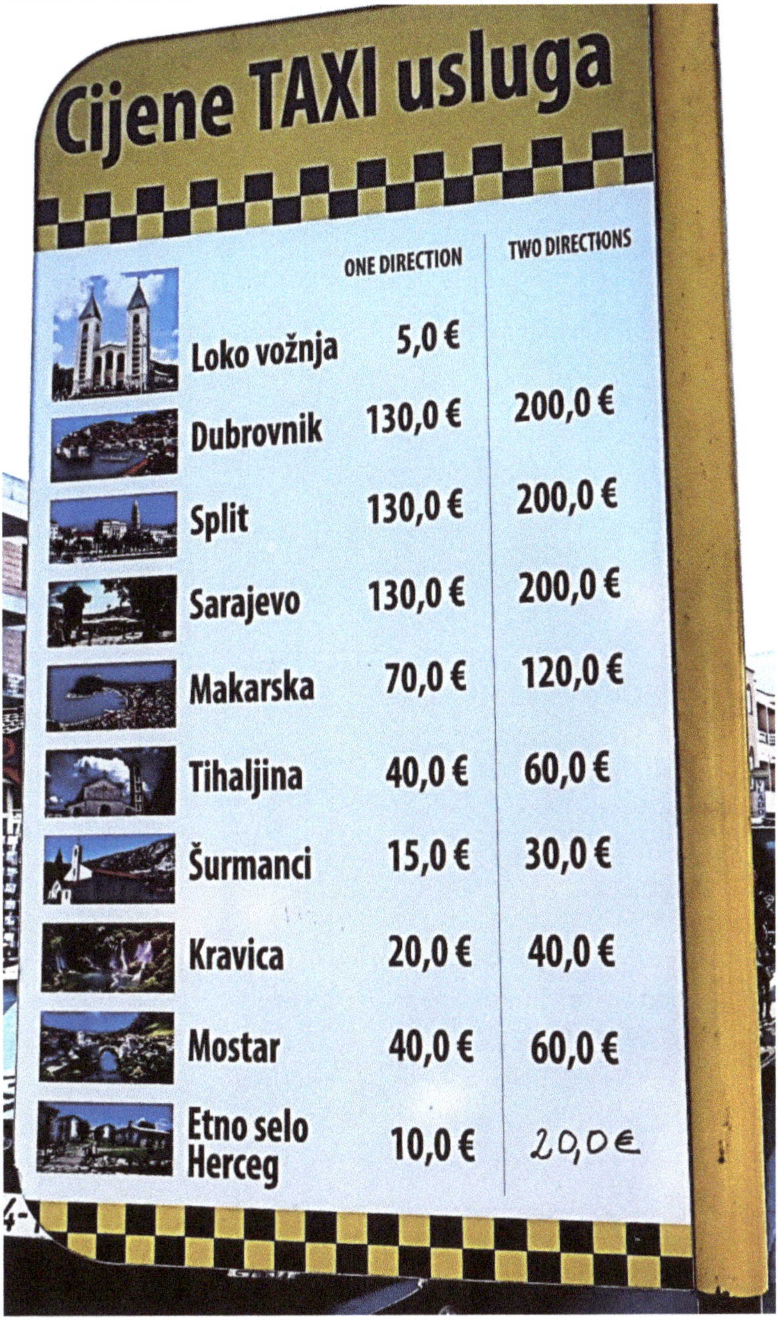

	ONE DIRECTION	TWO DIRECTIONS
Loko vožnja	5,0 €	
Dubrovnik	130,0 €	200,0 €
Split	130,0 €	200,0 €
Sarajevo	130,0 €	200,0 €
Makarska	70,0 €	120,0 €
Tihaljina	40,0 €	60,0 €
Šurmanci	15,0 €	30,0 €
Kravica	20,0 €	40,0 €
Mostar	40,0 €	60,0 €
Etno selo Herceg	10,0 €	20,0 €

14. Organisierte Ausflüge

a) Pax Travel

Die Agentur ist im Medjugorje Hotel & Spa beheimatet und
bietet organisierte Ausflüge an.

Pax Travel:[194]
Ulica fra Slavka Bararića 29,
Medjugorje (BiH)
Tel: + 387 036 640 456
E - Mail:
info@pax-travel.com
booking@pax-travel.com
Web: www.pax-travel.com
Skype:
pax.travel1
Whatsapp:
Tel.: +387 63 451 521

b) Nicola Travel d. o. o.

Surmanci Medjugorje
Tel.: 00387 63 359 104
Nicola.surmanci90@gmail.com

15. Shopping:

Auf dem Weg nach Čitluk, im Hotelkomplex Herceg
beheimatet, ist der Drogeriemarkt „**dm**“.
In Čitluk selbst, gibt es ein gut sortiertes,kleineres Shopping
Center, mit Café, Friseur und Tankstelle, das „**Konzum**“.
Direkt beim Hotel Herceg Etno Selo gibt es eine weitere
Shopping Mall mit Café und Spielecke, das sogenannte
„**Park & Shop**“.

---

[194] Pax travel Medjugorje, Informationsbroschüre

16.   Post:

Es gibt zwei Postfilialen in Medjugorje.
Die Hauptpost befindet sich an der Dr. Franje Tuđmana.
Sollte der Stadtplan im Informationszentrum mal
ausverkauft sein, kann man hier auch einen Stadtplan
bekommen.
Was den Service anbelangt, so ist das Glückssache. Manche
Mitarbeiter sind motivierter, andere weniger. So kann es
auch vorkommen, daß einige Mitarbeiter eine halbe Stunde
vor Geschäftsschluß nicht mehr dazu bereit sind,
aufwändigere Tätigkeiten durchzuführen.
Die 2. Post ist direkt neben dem Buchladen „MIR".
Samstags hat diese Filiale sogar bis 15.00 Uhr geöffnet.

Aber komplexere Postversendungen werden dort nicht bearbeitet.
Honig, Alkohol und Lebensmittel dürfen leider nicht postalisch versandt werden. (Tel.: +387 651 990)

17.   Parkplatz:

Hinter der St. Jakobskirche befindet sich ein großer Schotterparkplatz. Bei besonderen Anlässen, sollte man dennoch zeitig sein, um dort noch parken zu können. Dieser ist nachts leider nicht beleuchtet.

18.   Sonnenwunder: Vorsicht!!!

Obwohl sich in Medjugorje echte Sonnenwunder ereignen sollen, achten Sie trotzdem auf Ihre Augen. Zwar sollte ein echtes Sonnenwunder Ihre Augen nicht schädigen, aber es kann auch Phänomene geben, die einem Sonnenwunder lediglich ähneln. Zudem ist die Sonne in Bosnien und Herzegowina sehr stark. Ungeschütztes Sehen in die Sonne kann bleibende Schäden (z.B. die solare Retinopathie) oder sogar Erblinden hervorrufen. Um Ihre Augen optimal zu schützen, informieren Sie sich vielleicht vor Antritt Ihrer Reise bei einem Augenarzt/einer Augenärztin.

19.   Restaurants

In Medjugorje gibt es viele gute Restaurants. Sollte man einmal etwas anderes ausprobieren wollen, so befindet sich unweit vom Shopping Center Park & Ride, das „Ventum".

20.   Fasten

Wenn Sie mit Brot und Wasser fasten möchten, so können
Sie Brot in fast jedem Supermarkt bekommen. Eine bessere
Brotqualität bekommen Sie von der Pekarna (Bäckerei).
Allerdings sollten Sie sich vor jedem Fasten ärztlich beraten
lassen, damit Ihnen keine Defizite entstehen.

21.   Beichten in eigener Sprache

Vielleicht gehen Sie regelmäßig beichten, aber vielleicht
auch nicht. Viele Menschen sagen: „ Ach, Gott weiß eh daß
es mir leid tut!" Nun ist ja die monatliche Beichte ein
Anliegen der Mutter Gottes und überlegen Sie sich´s, ob Sie

sich nicht doch dazu durchringen können, zur Beichte zu gehen. Ich würde sagen, es könnte sich ungeahnt positiv auf Ihre Pilgererfahrung auswirken.

Die zuständigen Priester und Franziskanermönche sind mit erstaunlich unermüdlichem Einsatz dabei. Bei besonderen Anlässen, kann es sogar vorkommen, daß Sie Ihnen die Beichte bis 1 Uhr morgens abnehmen. Leider findet man nicht immer SOFORT eine Beichtmöglichkeit in seiner Muttersprache. Meine Empfehlung: Fragen Sie sich bei den Mönchen durch. Die meisten Mönche sprechen zusätzliche Sprachen. Die Beichtstühle der Mönche sind auf der Seite des Kerzenparks.

Im Zweifel kann das Informationszentrum auch vermitteln. Sollten Sie vergessen haben wie man beichtet, so leitet Sie der Geistliche bestimmt gerne durch die Beichte.

22.   Spenden

Die Pfarrei Medjugorje bittet nicht öffentlich um Spenden. Dennoch wird sie sich bestimmt über eine Spende, die im Pfarramt abgegeben werden kann, freuen.

23.   Anmeldung für Pilgergruppen

Jede Pilgergruppe muß sich im Informationszentrum anmelden.

24.   Hotels

Medjugorje hat Hotels für jedes Budget und jeden Geschmack. Zu den Pensionen zählen die Villa Gaga und die Pansion Becun.

3 Sterne Hotels sind, u.a., das Hotel Speranza (direkt gegenüber des Erscheinungsbergs), Hotel Barbarić und Hotel Ivona.

Komfortabel aber schlicht gehalten ist das 4 Sterne Hotel Medjugorje Hotel & Spa. Weitere 4 Sterne Hotels sind das

Hotel Leone, Hotel Luna, Hotel Wojtyla, Hotel Klemo, Hotel Herceg und das Aparthotel Irish House.

Medju-gorje Hotel & Spa

Hotel Leone

Hotel
Luna

Hotel
Wojtyla

Hotel
Klemo

Hotel
Herceg

25.   Menschliches

Abschließend möchte ich Sie noch bitten, sich nicht von den vielen Souvenirläden abschrecken zu lassen. Auch sollte man nicht davon ausgehen, daß jeder Pilger jetzt ein Engel mit den perfekten Umgangsformen ist. Obwohl die allermeisten Menschen sich doch um einen ungewohnt menschlichen, hilfreichen und geduldigen Umgang bemühen. Auch könnten Sie sich vielleicht mal an der Haltung eines Geistlichen (nicht) stören. Wir sind alle Menschen und sehen jedem nur vor den Kopf. Auffallend ist eine gewisse Hegemonie italienischer Pilger, sowie der daraus resultierenden Bevorzugung der italienischen Sprache. Dies könnte manch eine/r befremdlich finden. Aber, mal ehrlich, es ist doch verständlich, wenn man sich an der Mehrzahl seiner Gäste orientiert.
Stören Sie sich nicht an dem Irdischen, sondern folgen Sie der Einladung der Gottesmutter und suchen Sie hier, mit ihrer Hilfe, den Zugang zu unserem Herrn Jesus Christus.

26. Lageplan

ŽUPA SV. JAKOVA- SREDIŠNJI MOLITVENI PROSTOR
LEGENDA
1- ŽUPNA CRKVA
2- VANJSKI OLTAR
3- KAPELICA KLANJANJA
4- ISPOVJEDAONICE
5- KIP KRALJICE MIRA
6- DVORANA BLAŽENOG IVANA PAVLA II.
7- KIP USKRSLOG SPASITELJA I
   POSTAJE KRIŽNOG PUTA
8- KRUNICA OTAJSTVA SVJETLA
9- RASPELO- MJESTO MOLITVE I
   PALJENJA SVIJEĆA
10- KIP SV. LEOPOLDA MANDIĆA
11- ŽUPNI URED
12- URED INFORMACIJA
13- SUVENIRNICA
14- POŠTA / TELEFON
11- PROSTOR ZA ODMOR HODOČASNIKA
16- WC
17- AMBULANTA PRVE POMOĆI
18- RADIOPOSTAJA "MIR" MEĐUGORJE
19- PARKIRALIŠTE
20- GROBLJE KOVAČICA

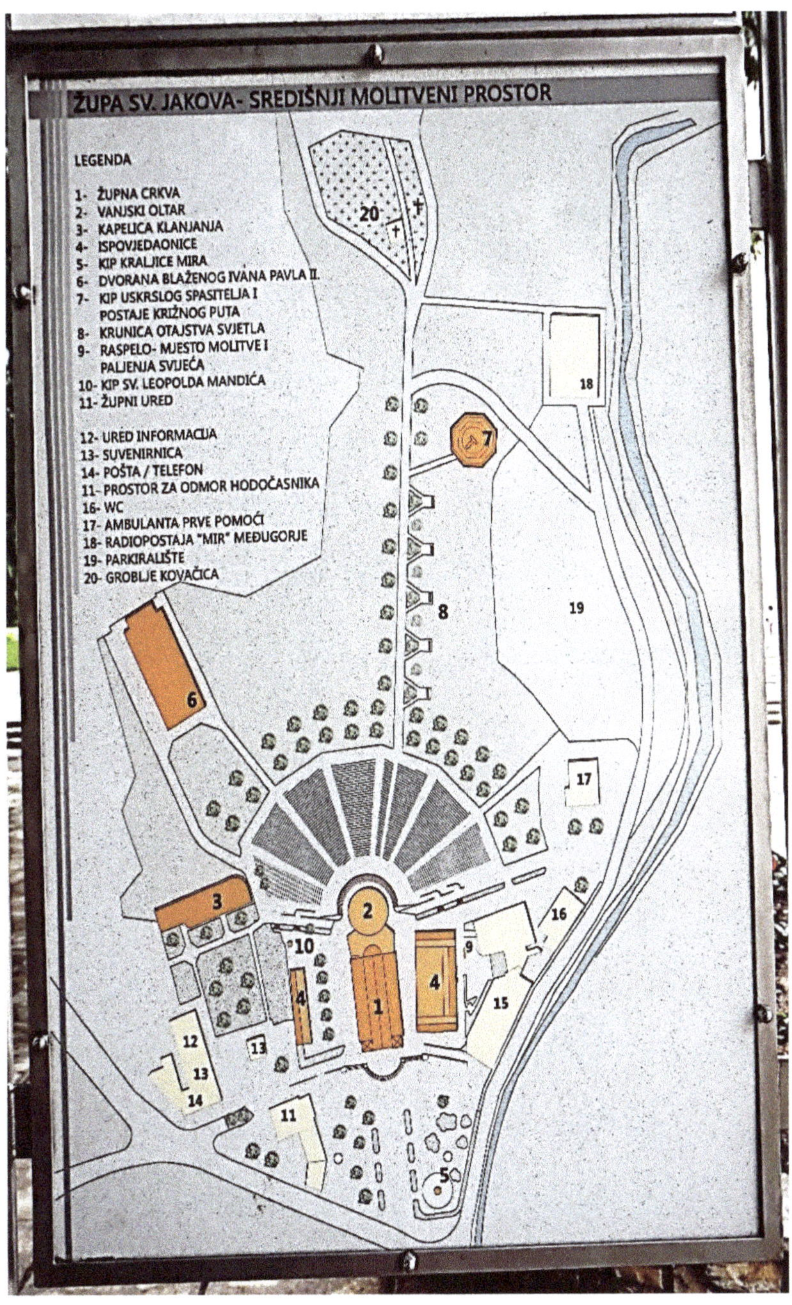

1. St. Jakobskirche
2. Außenaltar
3. Anbetungskapelle
4. Beichtstühle
5. Statue der Königin des Friedens
6. Saal des Seligen Johannes Paul II
7. Statue des Auferstandenen Jesu –
8. Kreuzweg
9. Die lichtreichen Geheimnisse des Rosenkranzes
10. Kruzifix – Gebetsgelände – Votivkerzen
11. Statue des Hl. Leopold Mandić
12. Pfarrbüro
13. Informationsbüro
14. Souvenirladen
15. Post/Telefon
16. Aufenthaltsraum im Freien
17. Toiletten
18. Erste - Hilfe Station
19. Radio „Mir" Medjugorje
20. Parkplatz
21. Friedhof Kovaćica

27.   Ortsplan

MEDJUGORJE
Križevac
(Kreuzberg)
Kreuzweg
Put Križevaca
Šege i Čilići
Fra Joze Vasilja
Cenacolo
Parkplatz
Podbrdo
(Erscheinungsberg)
Blaues Kreuz
Podbrdo
3. Aufgang
2. Aufgang
Podbrdo
1. Aufgang
Kralice Mira
Bijakovići
Apotheke
Fra Vendelina Vasilja
Put Kovačici
Parkplatz
Friedhof
Parkplatz
Via Domini
Frankievackih mučenica
Post
Kiosk
Fra Slavka
Barbarića
Fra Slavka Barbarića
Info
St. Jakob
Erste Hilfe
Il ejned
Taxis
Mary's Meals
Apotheke
Pape Ivana
Kralja Tomislava
Kardinala Alojzije Stepinac
Post
Bushaltestelle

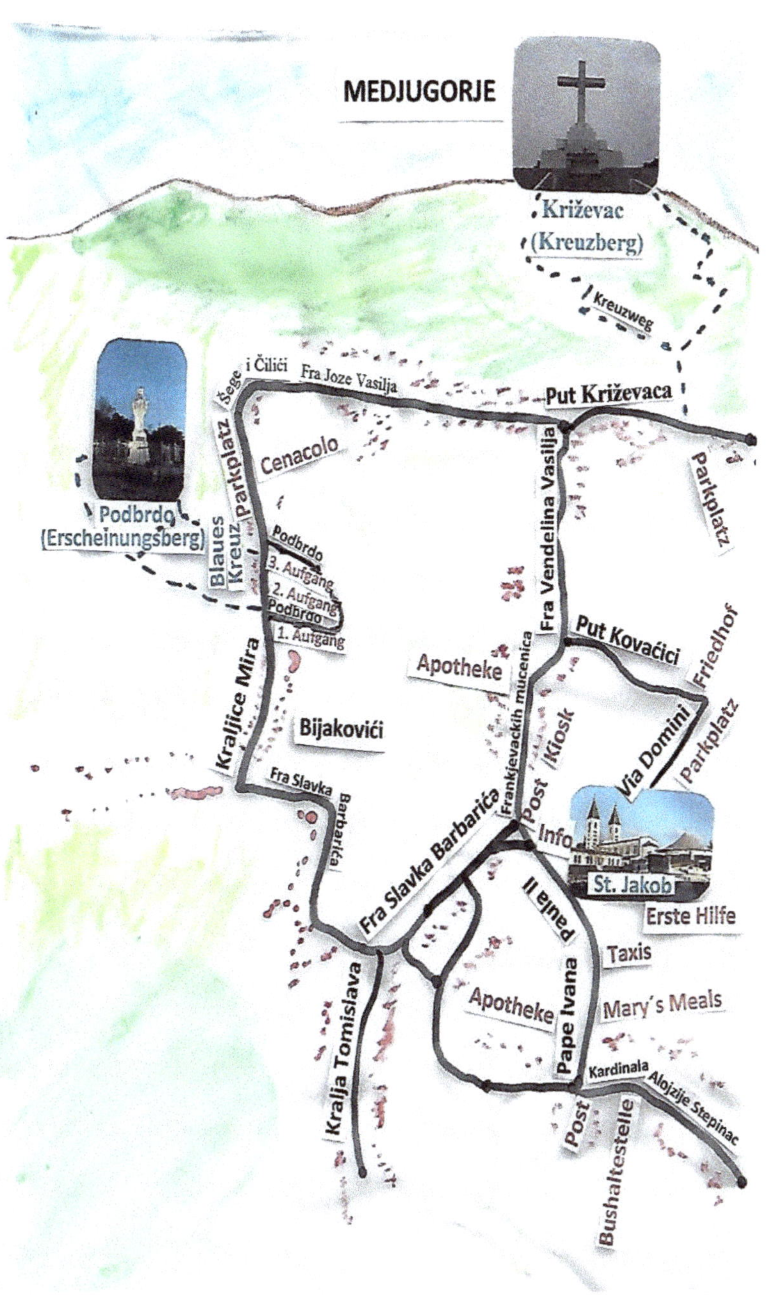

www.ingramcontent.com/pod-product-compliance
Lightning Source LLC
LaVergne TN
LVHW051109180726
843512LV00011B/777